Desarrollo simbólico

Florencia Mareovich

Desarrollo simbólico

El aprendizaje de palabras por medio de imágenes

Colección UAI - Investigación

UAI EDITORIAL

teseo

Mareovich, Florencia
Desarrollo simbólico : el aprendizaje de palabras por medio de imágenes
. - 1a ed. - Ciudad Autónoma de Buenos Aires : Teseo; Universidad Abierta
Interamericana, 2015.
218 p. ; 20x13 cm.
ISBN 978-987-723-021-5
1. Psicología. I. Título
CDD 150

UAI EDITORIAL

teseo

© Editorial Teseo, 2015

Teseo - UAI. Colección UAI - Investigación

Buenos Aires, Argentina

ISBN 978-987-723-021-5

Editorial Teseo

Hecho el depósito que previene la ley 11.723

Para sugerencias o comentarios acerca del contenido de esta obra,
escríbanos a: **info@editorialteseo.com**

www.editorialteseo.com

PRESENTACIÓN

La Universidad Abierta Interamericana ha planteado desde su fundación en el año 1995 una filosofía institucional en la que la enseñanza de nivel superior se encuentra integrada estrechamente con actividades de extensión y compromiso con la comunidad, y con la generación de conocimientos que contribuyan al desarrollo de la sociedad, en un marco de apertura y pluralismo de ideas.

En este escenario, la Universidad ha decidido emprender junto a la editorial Teseo una política de publicación de libros con el fin de promover la difusión de los resultados de investigación de los trabajos realizados por sus docentes e investigadores y, a través de ellos, contribuir al debate académico y al tratamiento de problemas relevantes y actuales.

La Colección Investigación Teseo - UAI abarca las distintas áreas del conocimiento, acorde a la diversidad de carreras de grado y posgrado dictadas por la institución académica en sus diferentes sedes territoriales y a partir de sus líneas estratégicas de investigación, que se extienden desde las ciencias médicas y de la salud, pasando por la tecnología informática, hasta las ciencias sociales y humanidades.

El modelo o formato de publicación y difusión elegido para esta colección merece ser destacado por posibilitar un acceso universal a sus contenidos. Además de la modalidad tradicional impresa comercializada en librerías seleccionadas y por nuevos sistemas globales de impresión y envío pago por demanda en distintos continentes, la UAI adhiere a la red internacional de acceso abierto para el conocimiento científico y a lo dispuesto por la Ley 26.899 sobre Repositorios digitales institucionales de acceso abierto en ciencia y tecnología, sancionada por el Honorable Congreso de la Nación Argentina el 13 de noviembre de 2013, poniendo a disposición del público en forma libre y gratuita la versión digital de sus producciones en el sitio web de la Universidad.

Con esta iniciativa la Universidad Abierta Interamericana ratifica su compromiso con una educación superior que busca en forma constante mejorar su calidad y contribuir al desarrollo de la comunidad nacional e internacional en la que se encuentra inserta.

Dr. Mario Lattuada
Secretaría de Investigación
Universidad Abierta Interamericana

ÍNDICE

A mi familia: Horacio, Liliana, Nora, Ricardo, Olga, Vicente, Victoria, Valentina, Juan Ignacio, Pedro, Galo, Mateo y Hugo

A mis grandes amigas y amigos

INTRODUCCIÓN

Nuestro mundo se constituye como un complejo entramado de símbolos. Uno de los más grandes desafíos del ser humano es comprender que los símbolos refieren, que estas entidades se conectan de una manera particular con los objetos que nos rodean. Así, niños y adultos pueden aprender a partir de los símbolos, extraer información útil y transferirla a su experiencia cotidiana. El presente libro explora la comprensión de distintos tipos de representaciones simbólicas por parte de niños y de adultos.[1]

Una actividad muy frecuente en la infancia es la lectura conjunta de libros ilustrados. En esta interacción,

[1] Esta investigación fue posible a partir de una beca doctoral de la Agencia Nacional de Promoción Científica y Tecnológica (2009- 2012) y de una beca doctoral tipo II del Consejo Nacional de Investigaciones Científicas y Técnicas (2012-2014). El producto de ambas becas fue una tesis para la obtención del título de Doctora en Psicología por la Universidad Nacional de Córdoba. Una versión revisada y parcial de dicha tesis integra el contenido de este libro. Deseo agradecer a mi directora de tesis, la Dra. Olga A. Peralta, por su confianza, por iniciarme en el apasionante mundo de la investigación científica, por acompañarme en este camino y por guiar mis aprendizajes. Asimismo, quisiera reconocer el apoyo y las valiosas contribuciones de mis amigos y compañeros de trabajo del Instituto de Investigaciones en Ciencias de la Educación (IRICE-CONICET), especialmente los aportes de la Dra. Andrea Taverna a la segunda parte de esta investigación. Finalmente, pero no menos importante, me gustaría agradecer especialmente a los niños y adultos que participaron de esta investigación, sin los cuales esta investigación no hubiera podido realizarse.

los adultos intentan enseñar un contenido, por lo general una palabra, nombrando sistemáticamente objetos, propiedades y hechos que se reflejan en imágenes. En esta actividad, el niño debe, por un lado, comprender el estatuto simbólico de las imágenes y, por el otro, aprender una nueva palabra, construir un significado para dicho símbolo.

Si bien investigaciones previas han explorado la comprensión de distintos símbolos, imágenes y palabras por separado, estudiarlos en su conjunto, tanto en niños como en adultos, resulta una propuesta novedosa. Por eso nuestro objetivo fue explorar la comprensión referencial de imágenes y de palabras en su conjunto.

Uno de nuestros intereses fue saber si las características de las imágenes utilizadas para enseñar palabras afecta el aprendizaje por parte de niños pequeños y de adultos. Así trabajamos con imágenes altamente icónicas, con fotografías y con imágenes con bajo nivel de iconicidad, con bocetos sin detalles de relleno o de profundidad. En este sentido nos preguntamos: ¿la similitud perceptual entre el símbolo y su referente afecta el establecimiento de relaciones simbólicas? Y, a su vez, ¿esto incide en el aprendizaje? ¿Existen diferencias por edad, entre grupos de niños de dos años y medio, de tres años y de adultos, en la comprensión de imágenes con bajo nivel de iconicidad?

Otro aspecto que quisimos explorar es si existen diferencias en los procesos de aprendizaje de distintos tipos de palabras en este contexto de interacción. Enseñamos un sustantivo y adjetivos que referían a una propiedad visual, un estampado. En el caso del aprendizaje de adjetivos, elegimos dos palabras, una de ellas estaba estructurada morfológicamente como un adjetivo, tenía un sufijo adjetvador, y la otra palabra no presentaba esta estructura. Además, mientras que algunos niños recibían una ayuda directa por parte del adulto, quien le describia exahustivamente la propiedad que debían conectar con el adjetivo, otros niños no recibían ninguna pista. Desde esta perspectiva nos preguntamos: ¿es diferente el proceso mediante el cual se aprenden sustantivos y adjetivos? ¿Alguna de estas dos formas gramaticales es más fácil de aprender que la otra para los niños pequeños? ¿Podemos ayudar a los niños a que aprendan adjetivos mediante una descripción detallada de una propiedad visual a la que esta palabra refiere? ¿La morfología del adjetivo (presencia o ausencia de un sufijo adjetivador) afecta la comprensión referencial de imágenes y de palabras que denotan propiedades? ¿Alguna de estas pistas (información descriptiva o morfología de la palabra) es más efectiva para ayudar a niños pequeños a aprender un nuevo adjetivo?

Por otro lado, nos interesaba saber si existen diferencias por edad en el aprendizaje de sustantivos y de adjetivos por medio de imágenes. Y además queríamos conocer si es posible en este contexto transferir estas palabras a otros ejemplares que pertenezcan a la misma categoría de objeto, en el caso de los sustantivos, o que compartan la misma propiedad de objeto, en el caso de los adjetivos.

Para responder estos interrogantes diseñamos una tarea en la cual niños y adultos debieron aprender una palabra a través de libros ilustrados. El método escogido podría denominarse como "método cuasi experimental evolutivo", una suerte de compromiso entre el método evolutivo planteado por Lev Vygotsky (1978) y los diseños cuasi experimentales descriptos por Cook y Campbell (1979, 1986).

Los estudios que conforman este trabajo de investigación pueden considerarse cuasi experimentos, ya que se trabajó con grupos que ya estaban formados antes de la realización del experimento en cuestión (Hernández Sampieri, Fernández Collado y Baptista, 2008; Marradi, Archenti y Piovani, 2010). Es decir, no hay control pleno de variables extrañas (Campbell, 1988; Cook y Campbell, 1979). A fin de disminuir la contaminación de los resultados se puso énfasis en emparejar los grupos experimentales. Así, se definieron criterios de inclusión o exclusión.

En el presente trabajo de investigación participaron 136 niños de dos años y medio y de tres años de edad. Los niños fueron contactados a través de los jardines de infantes a los que acudían en el centro de la ciudad de Rosario (Argentina). Las familias de los participantes eran de nivel socioeconómico medio, con padres con un nivel de escolaridad terciario o universitario, completo o incompleto. Asimismo, los participantes presentaban un desarrollo cognitivo esperado de acuerdo con su edad. También participaron 85 adultos de entre 18 y 45 años de edad, procedentes de la ciudad de Rosario y alrededores. Todos contaban con estudios secundarios completos y, en su mayoría, estudios universitarios completos o en curso.

La tarea diseñada para esta investigación cuenta con una etapa de interacción con un libro ilustrado en la cual se enseña una palabra nueva a los participantes. Luego los participantes deben realizar una serie de elecciones entre objetos e imágenes presentadas por la experimentadora. Se eligió trabajar con libros de imágenes debido a que la lectura conjunta de libros ilustrados es una actividad muy común para los niños pequeños. Consideramos que enmarcar las tareas experimentales en contextos familiares contribuiría a captar la riqueza y los diferentes matices del desarrollo cognitivo, a conocer la génesis de los procesos de desarrollo y aprendizaje en su dinámica, objetivo principal del método experimental-evolutivo planteado por Vygotsky (1978).

Se tomaron tres decisiones metodológicas relevantes. Por un lado, se incluyó en la interacción un muñeco (un títere) presentado como dueño del libro y productor de sus imágenes. Por otro lado, se establecieron las edades de los participantes, y se los agrupó en tres grupos: dos años y medio, tres años y adultos. Además, se eligieron para ser usadas en la fase de enseñanza dos pseudopalabras, palabras inexistentes y desconocidas, con una estructura fonológica similar a las palabras de la lengua española.

La decisión de incluir un títere en la interacción con los niños se debió a dos factores. En primer lugar, se intentó que la tarea fuera atractiva para los niños. Al interactuar con un personaje, los niños se mostraron interesados en la tarea desde el primer momento, interactuando con el muñeco y con la experimentadora con mucha soltura.

Además, se buscó enseñar las nuevas palabras en un contexto en el cual se pusiera de relieve el carácter intencional de las imágenes utilizadas. El muñeco era presentado como productor y dueño de las imágenes y de los objetos. En el caso de los sujetos adultos, se adaptaron los procedimientos y se buscó homologarlos cuidadosamente, resaltando la intencionalidad de la experimentadora a la hora de producir las imágenes y de diseñar los materiales para el experimento.

En lo que respecta al grupo de niños, se trabajó con niños mayores a los participantes de las investigaciones previas en el área (Ganea *et al.*, 2009; 2008). Esta decisión se fundamenta en la complejidad de las tareas diseñadas para esta investigación. En cuanto a la comprensión de las imágenes impresas se emplearon, en algunos estudios, imágenes menos icónicas a las imágenes utilizadas en investigaciones previas. Además, en esta investigación no enseñamos sólo sustantivos sino también adjetivos. Estas dos elecciones, como veremos en el desarrollo del presente trabajo, aumentaron la dificultad de la tarea diseñada.

Por su parte, la inclusión de sujetos adultos no tuvo como finalidad evaluar la comprensión referencial de palabras y de imágenes en este grupo, sino que el objetivo de la incorporación de estos participantes fue echar luz al análisis de los datos arrojados por los grupos de niños. Se considera que, en muchas ocasiones, se interpreta la ejecución de los pequeños como deficitaria o errónea sin tener en cuenta qué haría en una situación similar un sujeto en una etapa considerada más avanzada de su desarrollo.

Para realizar estos estudios se utilizaron dos palabras, que no constituyen palabras de la lengua española (no figuran en el Diccionario de la Real Academia Española). Sin embargo, se consideró importante que la estructura de las palabras fuera similar a las de la lengua española, a fin de que a los niños no les parecieran extrañas, y ello pudiera interferir con su aprendizaje. Una de estas pseudopalabras, *pompe*, fue extraída del Test de Lectura y Escritura en Español LEE (Defior Citoler *et al.*, 2006). La otra palabra incluida en la presente investigación fue *pompeado*. Esta palabra fue construida tomando como base la palabra *pompe*, agregándole un sufijo común para los adjetivos de la lengua española, -ado. Vale aclarar que las palabras fueron presentadas en contextos de frases respetando las estructuras sintácticas de la lengua española.

En los primeros tres capítulos de este libro, se presenta el marco teórico de referencia del estudio. El capítulo I aborda los símbolos y describe la función referencial. Este capítulo opera como un eje articulador entre la teoría y la investigación efectuada. En los capítulos restantes se exponen los principales postulados teóricos acerca del desarrollo de la comprensión de dos símbolos en particular: las imágenes en el capítulo II y las palabras en el capítulo III.

Los capítulos IV y V de este libro presentan la investigación propiamente dicha. El capítulo IV explora el aprendizaje de un sustantivo a través de imágenes. En este contexto se indaga el impacto de la similitud perceptual entre la imagen y el referente en la comprensión referencial de imágenes y de palabras. El capítulo V tiene como objetivo estudiar el aprendizaje de un adjetivo a través de una fotografía. Se intenta determinar qué tipo de pista (presencia de sufijo adjetivador o de información descriptiva) resulta más efectiva para ayudar a los niños pequeños a aprender un adjetivo.

Por último, en las conclusiones se integran los resultados de los estudios, se discute acerca del desarrollo de la función referencial de palabras y de imágenes, y se sugieren posibles lineamientos para futuros estudios en el área.

CAPÍTULO I
LOS SÍMBOLOS Y EL DESARROLLO DE LA FUNCIÓN REFERENCIAL

El mundo humano está constituido por una superposición de símbolos que se entrelazan en nuestra cotidianeidad. Es que la cognición humana no comienza ni termina dentro del mundo mental, está mediada y ampliada gracias a diferentes instrumentos culturales que posibilitan conectarnos con otros seres humanos, con nosotros mismos y con el universo que nos rodea. Gracias a los símbolos, nuestra cognición se expande en el tiempo y el espacio, y puede así acceder a realidades lejanas e incluso a experiencias imaginarias, imposibles de asir a través de la experiencia directa (Callaghan *et al.*, 2011; Tomasello, 1999).

Los símbolos son entidades sumamente importantes para el desarrollo del niño porque encarnan la forma en que generaciones previas de seres humanos encontraron útil categorizar el mundo y comunicarse. Asimismo, el uso efectivo de dichas herramientas no sólo le permitirá al bebé humano desarrollarse y aprender, sino que también le posibilitará acceder al alimento, al cuidado; concretamente le permitirá sobrevivir. El camino que los niños recorren para comprender, producir y utilizar símbolos es complejo. No se trata de una mera adquisición de conocimiento; los niños llevan a cabo procesos de apropiación y de reconstrucción. Este desarrollo no se despliega de forma aislada, sino que se realiza en contextos sociales interactivos (Callaghan, *et al.*, 2011; DeLoache, 2004; Tomasello, 1999, 2008).

En el presente capítulo se desarrollarán brevemente algunas clasificaciones clásicas de entidades simbólicas, ya sean consideradas símbolos o signos, y se especificará cuál es la perspectiva adoptada en este libro. Asimismo, se plantearán dos temas centrales en relación con el desarrollo simbólico: el rol del contexto social en este proceso y las teorizaciones acerca de arquitectura de la mente humana. Para finalizar, se explicitará qué se entiende por función referencial en el marco de este trabajo.

Definiciones y clasificaciones de símbolos

Definiciones clásicas de símbolo

Un debate recurrente a lo largo de la historia del pensamiento giró en torno a la naturaleza de los símbolos y su clasificación. Existen diferentes tipos de símbolos, y se ha definido este concepto de diferentes maneras en distintos ámbitos, resaltando distintas características como centrales a la hora de definir criterios de exclusión o de establecer clasificaciones.

Las definiciones filosóficas y psicológicas clásicas acerca del simbolismo, por ejemplo la definición de Piaget (1990/1959, 1970; Piaget e Inhelder, 1969), se centraron en la naturaleza del símbolo en sí mismo, en su ontología, y tomaron como eje tres criterios para su definición: la arbitrariedad, la descontextualización y la convencionalidad. Desde esta perspectiva, una representación alcanza estatus simbólico si mantiene una relación arbitraria con su referente, si puede aplicarse en contextos diferentes a los ámbitos de creación o de aprendizaje y si forma parte de un sistema de reglas que gobierne el significado de esa representación y su modo de uso. Así, el ejemplo paradigmático de un símbolo ha sido históricamente el lenguaje (Namy y Waxman, 2005).

En esta línea, Peirce (1932, 1974) define a los signos como "algo que, para alguien, representa o se refiere a algo en algún aspecto o carácter. Se dirige a alguien [...] Está en lugar de algo, su objeto" (Peirce, 1974: 22). Este autor establece tres clasificaciones de signos basadas en criterios diferentes. Una de estas clasificaciones pone su foco en la relación entre el signo y el objeto referente, clasificación central para el presente trabajo, y define ícono, índice y símbolo. El ícono es definido como un signo que está imitando al objeto, que intenta parecerse o asemejarse; un ejemplo sería un dibujo figurativo. Un índice es un signo que está conectado de manera física con la cosa que denota; un ejemplo paradigmático es una huella o una fotografía. Un símbolo sería un signo que no tiene ninguna relación directa con el referente, sino que la relación es fruto de una convención social; en esta clasificación está incluido el lenguaje. Para Peirce una condición indispensable que una entidad debe cumplir para ser considerado símbolo es la arbitrariedad.

Piaget (1990/1959, 1970; Piaget e Inhelder, 1966), por su parte, considera que toda significación supone una relación entre un significante y una realidad signi-ficada. Establece una distinción entre diferentes tipos de representaciones simbólicas basada en la relación significante-significado referente. Un índice sería una marca no diferenciada del referente pero con naturaleza semiótica. En este tipo de representación, el significante forma parte del significado y está unido a él en una re-lación causa-efecto. Un ejemplo podría ser el extremo visible de un objeto parcialmente oculto que indica su presencia. Un símbolo es definido por el autor como una marca que guarda una semejanza perceptual con su referente, es un significante motivado; por ejemplo un dibujo figurativo o un fragmento de un juego simbólico. También incluye en esta clasificación a las imágenes mentales. En el símbolo, a diferencia del índice, están diferenciados significante y significado. Por último, el signo que sería una marca arbitraria que se basa en una convención; por ejemplo el lenguaje.

Para Vygotsky (1978), los signos son instrumentos que median los procesos psicológicos y los modifican en profundidad. Esta actividad mediada es lo que distingue a los hombres de los demás animales y es denominada por el autor como "función psicológica superior". Gracias a los signos el hombre expande su domino cognitivo más allá de las posibilidades biológicas de su sistema nervioso. Este autor puso el acento en el lenguaje y en la posibilidad que éste ofrece de proveer instrumentos auxiliares para realizar alguna tarea, de controlar las acciones, de planear la resolución de problemas y de dominar la propia conducta. Asimismo, incursionó en el estudio de otras manifestaciones simbólicas, como el dibujo, la escritura, la lectura, el uso de sistemas numéricos, etc. Para este autor todas estas entidades son consideradas signos. Vale aclarar que no incluye representaciones internas, como huellas mentales, en su clasificación (Martí, 2012).

Rivière define los signos como "significantes diferenciados que remiten a objetos, estados y propiedades del mundo virtualmente ausentes [...] signos representacionales" (Rivière y Sotillo, 2003: 196-197). Tomando como eje la relación del significante-significado, Rivière (1990) distingue tres tipos de signos: índices, señales y

símbolos. Los índices son fruto de una relación causal
entre una entidad y su referente; por ejemplo el humo
como índice del fuego. Las señales, por su parte, establecen una relación de contigüidad temporal o espacial con
los objetos que denotan; un ejemplo sería la campana
que para los perros de Pavlov representaba la comida. Los
animales pueden comprender y responder a determinados tipos de índices y señales. Los símbolos, en cambio,
son el resultado de una relación representacional con
sus referentes. Este autor incluye en esta categoría a las
palabras, al juego simbólico, a las imágenes mentales,
a los dibujos, etc.

Asimismo, Rivière realiza una clasificación de los
símbolos teniendo en cuenta la relación que estas entidades mantienen con sus referentes y sus mecanismos
de producción. Existen símbolos que representan en
sentido figurativo o literal a sus referentes, por ejemplo
los dibujos figurativos. El mecanismo de producción de
dichos símbolos es analógico, ya que la representación
se instituye sobre la base de la similitud perceptual entre
el símbolo y el referente. Otro mecanismo de producción
simbólica, conceptualizado por el autor, es el mecanismo de suspensión. Este mecanismo consiste en dejar
en suspenso una acción para representar y posibilita
los símbolos enactivos y el juego simbólico. Por último,
el lenguaje y los números se constituyen a partir de un
mecanismo arbitrario, por convención social (Rivière,
1990, 2003a; Rivière y Sotillo, 2003).

Los símbolos como producciones intencionales

En el presente trabajo se utilizará la palabra "símbolo", y no "signo", para referir a entidades simbólicas.
El término "símbolo" es usado de una manera amplia,

adoptando la postura de Goodman, quien plantea que "cualquier cosa puede representar a casi cualquier cosa" (1976: 5). Este autor incluye en su clasificación letras, palabras, textos, diagramas, imágenes, etc. Para Goodman ni la similitud entre símbolo y referente, ni la arbitrariedad son condiciones *sine qua non* para que una entidad sea considerada un símbolo.

En esta línea, DeLoache (2004) define a los símbolos como "algo que alguien tiene la intención de poner en el lugar de otra cosa" (DeLoache, 2004: 66). En esta definición pueden incluirse gran cantidad de representaciones, como palabras orales y escritas, mapas, gráficos, imágenes impresas, imágenes de video, números, gráficos, bloques de madera, y así infinitamente. Las posibilidades de simbolización del ser humano son infinitas y cualquier cosa, ya existente o creada para ese fin, dentro de nuestro mundo mental o fuera de él, puede convertirse en un símbolo. No hay nada que sea *per se* un símbolo, y una entidad sólo toma un papel simbólico si alguien elige usarla con el objetivo de denotar o de referir otra realidad. Por lo tanto el corazón del símbolo es la intencionalidad, y comprender esta intencionalidad es el mayor desafío para los seres humanos (Bloom y Markson, 1998; Callaghan, 2005; Callaghan *et al.*, 2011; DeLoache, 2004, 2005; Tomasello, 1999, 2000, 2008; Tomasello, Striano y Rochat, 1999).

La intención de comunicar es un indicador de la naturaleza simbólica de una representación determinada. Lo que distingue un símbolo, por ejemplo una palabra, de cualquier representación no simbólica, por ejemplo una expresión facial involuntaria, es la intención de comunicar algo. Para lograr una transmisión simbólica efectiva el receptor debe interpretar exactamente la intención del productor. Por lo tanto, el trabajo cognitivo del receptor es tan importante como el del productor. La comunicación humana es una empresa cooperativa (Callaghan *et al.*, 2011; DeLoache, 2004; Tomasello, 1999, 2008).

El concepto de símbolo adoptado aquí permite incluir dentro de la misma categoría a dos manifestaciones que serán el eje del presente libro: las imágenes y las palabras. Es importante aclarar que en distintos ámbitos del conocimiento se ha considerado al lenguaje como una manifestación paradigmática en el campo simbólico. Dentro de la semiótica existe, por parte de ciertos pensadores (por ejemplo Eco, 1971, 1972, 1988), una tendencia a otorgarles a las imágenes un estatuto simbólico relevante. Estos intentos han incluido las imágenes dentro de la clasificación clásica de signo, alegando que subyace a estas entidades un código tan complejo como el que ordena a las palabras en el discurso. Si bien se considera valedera esta postura y se reconoce la complejidad de los medios simbólicos pictóricos, en este trabajo se consideró preciso agrupar estos fenómenos dentro de la clasificación de símbolos y no de signos. Esta decisión se sustentó en que el concepto de símbolo resalta el rol de estas entidades como elementos intencionales fabricados con fines comunicativos.

Los símbolos no están simplemente relacionados con sus referentes, sino que los denotan o refieren. Son entidades que ocupan el lugar de su referente en su ausencia, en otras palabras lo representan. Por eso, en este contexto se utilizará el término representación para aludir a diferentes manifestaciones simbólicas. No se desconoce el rico debate teórico que se ha construido en torno a este concepto y las múltiples formas en las cuales se han clasificado estos fenómenos. Sin embargo, excede el objetivo del presente trabajo hacer un análisis exhaustivo sobre este tema.

En suma, se considera a los símbolos como frutos de la actividad social y cultural de los seres humanos. Nacen de la necesidad de las personas de comunicarse con otros miembros de su especie. La adquisición de símbolos tendrá un efecto transformador para el ser humano en desarrollo, cambiando su forma de ver el mundo, de conectarse con su contexto social y cultural, y también con sus pensamientos y sentimientos (Callaghan, *et al.,* 2011; DeLoache, 2004; Martí, 2003; Tomasello, 1999, 2008).

Dos ejes para pensar el desarrollo simbólico

Relevancia del contexto social en el desarrollo simbólico

No todos los pensadores le han dado la misma relevancia al contexto social y cultural en la constitución del ser humano en general y en el desarrollo simbólico en particular. Mientras que para algunos el ambiente social es sólo un factor facilitador del desarrollo de procesos individuales, para otros la posibilidad de vivir en una sociedad humana y de adquirir aprendizajes culturales cambia cualitativamente la mente del ser humano y la hace única.

Para Piaget las primeras adquisiciones del niño sensoriomotor y preoperatorio están basadas en el desarrollo individual de estructuras internas. Para este autor lo social no tiene gran impacto en el desarrollo de los símbolos. Los símbolos serían el fruto de procesos individuales, productos egocéntricos. En el caso del aprendizaje del lenguaje, sistema de signos arbitrario y convencional, lo que podría aportar el contacto social al niño es enseñarle un código sostenido culturalmente (Martí, 2012; Piaget, 1990/1959, 1970).

Para Vygotsky (1978) los signos tienen un origen y un proceso de apropiación intrínsecamente social. Estos signos encarnan una herencia cultural que el niño deberá adquirir, con la ayuda de otras personas, para vivir en su mundo social. Esta posibilidad de apropiarse de, de "interiorizar" en terminología vygotskyana, productos culturales, mediados por otras personas, es lo distintivo del ser humano. "La internalización de las actividades socialmente arraigadas e históricamente desarrolladas es el rasgo distintivo de la psicología humana, la base del salto cualitativo de la psicología animal a la humana" (Vygotsky, 1978: 94).

Rivière, por su parte, enfatiza la naturaleza social de los símbolos. Para este autor la existencia de los símbolos radica en una necesidad de comunicarnos con los demás acerca de cosas o experiencias que no están presentes en el contexto inmediato. Los símbolos nunca serían necesarios en un contexto no comunicativo, y la intención comunicativa es el requisito pragmático para cualquier tipo de símbolos (Rivière, 1990, 2003b; Rivière y Sotillo, 2003). Para este autor, los símbolos son "formas especiales de relación (al menos en su origen) y, por tanto, la construcción del mundo simbólico no es sólo un resultado inevitable del desarrollo endógeno del niño como miembro de nuestra especie, sino también un producto –por así decirlo– de la propia cultura, a través de un proceso de relación entre personas" (Rivière, 1986/2003: 109-110).

Tomasello (1999, 2000, 2008; Tomasello, Kruger y Ratner, 1993) afirma que los seres humanos somos seres "ultra-sociales". El mecanismo que transformó profundamente la naturaleza humana fue la transmisión cultural a través de diferentes símbolos. Esto fue posible gracias a la capacidad de los seres humanos de atribuirle vida mental e intencionalidad a sus compañeros de especie. Para aprender socialmente el uso convencional de símbolos o de herramientas, los niños deben entender por qué otras personas están usando ese símbolo o esa herramienta. Comprender que las personas son seres intencionales no sólo posibilita el aprendizaje cultural, sino también la sociogénesis de artefactos y prácticas culturales que se acumulan históricamente. Esto posibilita a los niños participar en el mundo cultural y aprender no sólo "de" los otros sino "a través de" ellos.

La postura adoptada en el presente trabajo es que los símbolos son intrínsecamente sociales, tanto en su génesis como en su proceso de apropiación. El niño comenzará su camino para acceder al uso y a la comprensión de representaciones simbólicas motivado por su necesidad de estar en contacto con los otros seres humanos. En relación íntima con los sujetos cercanos de su entorno, el niño aprende a captar las intenciones de los otros y a actuar acorde a sus propias intenciones con fines comunicativos (Rivière, 1986/2003). Por lo tanto, la esencia del símbolo es la intencionalidad comunicativa humana.

Pensando la arquitectura mental humana: dominios específicos vs. dominio general

Desde hace décadas se despliega dentro de la psicología cognitiva un debate en torno a la arquitectura de la mente humana. La pregunta central que es el eje de este debate es si la cognición humana se desarrolla y funciona gracias a un conjunto general de capacidades o de manera específica. Los partidarios de la postura general piensan la mente como una gran máquina dotada de una serie de programas que le sirven para la resolución de problemas muy variados, por ejemplo problemas matemáticos, el aprendizaje de la lengua nativa o la organización de las entidades del mundo en determinadas categorías conceptuales. Por el contrario, los teóricos que piensan la mente como dominio-específico consideran que existen diversas capacidades cognitivas especializadas para hacer frente a problemas puntuales y procesar información específica (Gelman, 2000, 2009; Gelman y Lucariello, 2002; Hirschfeld y Gelman, 2002; Karmiloff-Smith, 1994; Wellman y Gelman, 1992).

Piaget pensaba que la mente se desarrollaba siguiendo ciertas etapas, utilizando procesos de dominio general que se podían aplicar a múltiples contenidos. Desde esta perspectiva la mente hace uso de programas que controlan la entrada de información nueva, la reestructuran y facilitan la resolución de un amplio espectro de tareas. Es decir que el desarrollo cognitivo se debe a cambios que se experimentan en bloque, que se dan a través de todos los dominios del conocimiento y sirven para resolver múltiples problemas. Para este autor el recién nacido no posee ningún conocimiento de dominio específico; simplemente viene al mundo provisto de reflejos sensoriales y de tres procesos de dominio general: la asimilación, la acomodación y la equilibración. Éstos son mecanismos de adaptación que implican la construcción de esquemas en interacción directa con el entorno (Piaget, 1990/1959, 1970).

La visión de la mente como un procesador general permite explicar un gran repertorio de adquisiciones y habilidades a partir de pocos procesos. Sin embargo, esta posición se puso en cuestionamiento desde diferentes campos del conocimiento, como la antropología, la filosofía, la lingüística y la psicología. En cada una de estas áreas los pensadores se han preguntado de qué manera llega la mente humana a adquirir conocimientos y habilidades tan variadas. Así, muchos teóricos comenzaron a pensar la mente humana como un conjunto de estructuras específicas. Las posturas que sostienen la especificidad de dominio son numerosas y no todas son equivalentes, y tienen controversias acerca del origen de estas estructuras, de la cantidad de estructuras existentes, de las relaciones que entablan las estructuras entre ellas, etc. (Hirschfeld y Gelman, 2002; Karmiloff-Smith, 1994; Wellman y Gelman, 1992).

Chomsky (1975, 1988) fue el primer teórico moderno en pensar que la mente no es un dispositivo para resolver problemas indiferenciados, sino un conjunto de subsistemas independientes que están diseñados para realizar tareas específicas. Para este autor la mente cuenta con sistemas separados (por ejemplo: la facultad del lenguaje, el sistema visual, el módulo para reconocimiento de rostros, etc.), y cada uno de ellos tiene habilidades específicas.

Por su parte, Fodor (1983, 1986) distingue entre módulos y procesador central. Los módulos son sistemas de entrada de datos genéticamente especificados, de funcionamiento independiente y exclusivo. Entre ellos señala, por ejemplo, la percepción de colores, el análisis de las formas, el análisis de relaciones espaciales tridimensionales, el reconocimiento de rostros y voces. Estos módulos están preestablecidos, poseen vías nerviosas fijas, son rápidos, autónomos, automáticos, obligatorios –ya que se activaran siempre que se presente un estímulo específico– y producen datos poco elaborados. Además, se encuentran informativamente encapsulados, ninguna otra parte de la mente puede influir en el procesamiento de cada módulo. Esto da como consecuencia sistemas de entrada inflexibles y carentes de inteligencia. El procesador central es el encargado de las funciones superiores, como el razonamiento, la fijación de creencias, el juicio, la planificación, etc., que pueden acceder sólo a los datos que produce cada módulo pero no pueden interferir en el procesamiento de la información de cada uno. El procesador central es no encapsulado, lento, no obligatorio y puede ser consciente y estar influido por metas cognitivas globales.

Investigaciones actuales han demostrado, apoyándose en parte en las conceptualizaciones fodorianas, que el bebé no recibe información totalmente caótica de su entorno. Desde su nacimiento, los bebés procesan la información proveniente del medio a través de sesgos o de restricciones sensoriales. Estas restricciones guían su atención hacia datos específicos de su entorno, almacenando y procesando esa información de manera específica (Enesco, 2012; Hirschfeld y Gelman, 2002; Martí, 2012; Rochat, 2004).

Si bien en la actualidad está ampliamente aceptado que la mente humana está estructurada en diferentes áreas o dominios, no todos los teóricos apoyan la perspectiva modular extrema propuesta por Fodor; en cambio, adhieren a postulados teóricos menos estrictos de especificidad de dominio. La perspectiva modular pone el acento en una arquitectura cognitiva funcional innata, mientras que las posturas de dominio-específicas consideran que la mente humana atraviesa un proceso de especialización para los diferentes tipos de conocimientos (Karmiloff-Smith, 1994; Wellman y Gelman, 1992; Gelman, 2009).

En esta línea, Gelman define a los dominios como "cuerpos de conocimiento que se organizan en un conjunto de principios o reglas" (Gelman, 2009: 259). Estos principios ayudan a resolver problemas dentro de cada dominio. Un mecanismo dominio-específico se despliega sólo cuando un individuo se enfrenta a determinados tipos de estímulos. Un domino está compuesto, por un lado, por un conjunto de principios y, por otro, por las normas de aplicación de estos principios, y además por la especificación de las entidades a las que se aplican estos principios (Gelman, 2000, 2009; Gelman y Brenneman, 2004; Gelman y Lucariello, 2002).

Esta autora distingue dos tipos de dominios. Uno de ellos se basa en estructuras innatas, que son universales, y las llama "dominios nucleares". Estos dominios se han desarrollado porque fueron ventajosos biológicamente para el desarrollo de la especie. Ejemplos de dominios nucleares señalados por esta autora son: aritmética de números naturales, dominio de lo animado o inanimado y el lenguaje. Por otro lado, existen dominios no nucleares, los cuales se basan en estructuras mentales adquiridas durante la experiencia, no son universales y siempre necesitan aprendizaje y *feedback* por parte de otras personas experimentadas. Los dominios no nucleares incluyen habilidades específicas, como hacer sushi, jugar al ajedrez, hacer manualidades, etc. (Gelman, 2002, 2009).

Karmiloff-Smith (1994) elabora una teoría acerca de la estructura mental humana que concilia el constructivismo piagetiano con la noción de modularidad fodoriana. Si bien reconoce restricciones innatas en el comienzo del desarrollo, éste es un proceso dinámico de interacción entre el niño y su ambiente. A su vez considera, en contraposición con la postura piagetiana, que el niño viene al mundo con algunas predisposiciones innatas que lo ayudarán en su desarrollo posterior. Para esta autora, el desarrollo consiste en un proceso de modularización gradual (Karmiloff-Smith, 1994). Es decir, la mente humana va adquiriendo paulatinamente características de dominio específico. No considera los dominios necesariamente como módulos encapsulados, ni preestablecidos, ni obligatorios.

En este sentido, se define a un dominio como un conjunto de representaciones que sostienen un área específica del conocimiento como, por ejemplo, el lenguaje, la física, o el domino notacional. También distingue microdominios, áreas más específicas dentro de dominios más amplios. Cada uno de estos microdominios toma un camino evolutivo propio y se pueden reconocer restricciones tempranas para el aprendizaje de cada uno. Asimismo, esta autora reconoce que existen procesos de carácter general en la mente humana, entre ellos destaca el proceso de redescripción representacional y los procesos que sostienen la inferencia. Estos procesos siguen operando a lo largo del desarrollo y de manera equivalente en los diferentes dominios y microdominios. Por consiguiente, el desarrollo es el resultado de la interacción entre procesos de orden general y procesos de dominio específicos.

Existen dos dominios señalados por esta autora que podrían caracterizarse como simbólicos: el dominio del lenguaje y el dominio notacional. La notación es una marca impresa permanente de actos intencionales que funcionan como memoria externa; en palabras de la autora: "instrumentos culturales para dejar una huella intencional de sus actos comunicativos y cognitivos" (Karmiloff-Smith, 1994: 173). A su vez, distingue microdominios dentro del domino notacional, como el dibujo, la escritura o el número. Rescata que en el campo simbólico opera a los 18 meses de edad un cambio de carácter general que afecta los diferentes dominios representacionales. Este cambio coincide con el comienzo del desarrollo de la función simbólica planteada por Piaget, función que posibilita la aparición de distintos productos simbólicos, como el lenguaje, el juego de ficción, las imágenes mentales, entre otros. A pesar de este acuerdo con Piaget, la autora no apoya la explicación que este autor ensaya sobre este tema.

¿Qué entendemos por *función referencial*?

El gran salto cualitativo que se observa en las capacidades simbólicas de los niños alrededor del año y medio de vida invitó a pensar en la existencia de procesos evolutivos y de mecanismos cognitivos comunes a diferentes representaciones simbólicas. Es por esta razón que muchos autores, entre ellos Piaget, afirmaron la existencia de una función cognitiva general que guía y gobierna todas las habilidades simbólicas infantiles; se denominó a este grupo de habilidades "función simbólica".

Para Piaget la función simbólica es la capacidad de evocar significados ausentes mediante el empleo de significantes diferenciados, como palabras, gestos, juegos, dibujos, etc. Esta función permitiría explicar la concurrencia en la aparición de distintas manifestaciones simbólicas, como el juego simbólico, las imágenes mentales y el pensamiento verbal. La capacidad de producir símbolos abre la puerta al cambio del pensamiento sensoriomotor, puro movimiento y exploración corporal, al pensamiento preoperatorio. La función simbólica permitiría al niño tener una visión de conjunto sobre sus acciones, focalizarse en los medios que le ayudarán a alcanzar ciertos fines y a alejarse temporal y espacialmente del "aquí y ahora" (Piaget, 1990/1959, 1970; Piaget e Inhelder, 1969).

Esta función sería de carácter central y se apoyaría en los mecanismos básicos con los que cuenta el niño para explorar el mundo que lo rodea. Estos mecanismos son utilizados en todos los dominios del conocimiento, no sólo en el dominio simbólico, y son la acomodación, la asimilación y la equilibración. "Que la imitación y el juego se elaboran en el curso de los mismos estadios y pasan por las mismas fases de construcción, incluso la fase representativa, se explica fácilmente, puesto que ambos proceden (aunque en sentido inverso) de una misma diferenciación del complejo original de asimilación y acomodación reunida" (Piaget, 1990/1959: 144).

Para Piaget los primeros símbolos son el fruto del desarrollo de estructuras individuales y se despliegan en el núcleo del egocentrismo infantil. Por lo tanto la función simbólica, al menos en un comienzo, tiene como motor y esencia procesos individuales. En cambio, los signos, representaciones convencionales y arbitrarias, sí se despliegan gracias a la interacción del niño con su contexto social. Para este autor la adquisición del lenguaje está subordinada a esta función simbólica. Es decir, estos símbolos individuales allanaron el camino para la adquisición de signos colectivos (Piaget, 1990/1959).

Vygotsky postuló que el desarrollo simbólico es un proceso general de mediación que tiene lugar para toda clase de signos, como gestos, dibujos, palabras escritas y lenguaje oral. Esta mediación posibilita el contacto de los hombres con el universo cultural humano y la paulatina interiorización de productos culturales.

En esta línea, Rivière (1990) manifiesta que esta función puede definirse como una función comunicativa, que da un lugar central a la detección de intenciones comunicativas a la hora de acceder a la comprensión simbólica. Posteriormente, en la obra de Rivière (2003a; Rivière y Sotillo, 2003) se vislumbra una idea de especificidad de los distintos sistemas simbólicos, al distinguir diferentes mecanismos de producción que ayudarían a constituir diferentes tipos de símbolos: suspensión semiótica para el juego simbólico, analogía para las producciones gráficas y mecanismos arbitrarios para el lenguaje.

Recientemente se ha cuestionado el carácter general de esta función simbólica. Investigaciones actuales (por ejemplo, Arunachalam, y Waxman 2010; Maita y Peralta, 2010; Peralta y Salsa, 2011; Scheuer, de la Cruz e Iparraguirre, 2010; Waxman y Lidz, 2006) se han ocupado no sólo de distintos dominios que podrían incluirse en esta función, como el lenguaje y las notaciones, sino que además se han centrado en explorar microdominios. Por ejemplo, se indaga la comprensión de imágenes impresas, maquetas, números, etc., y se afirma que cada una requiere habilidades específicas y que el desarrollo de su comprensión presenta un curso evolutivo particular. Sin embargo, a pesar de las diferencias que pueden existir entre los distintos tipos de representaciones simbólicas, todas tiene un algo en común: representan una cosa o una entidad a través de algo diferente. Existiría una habilidad que atraviesa todas las representaciones simbólicas (Karmiloff-Smith, 1994; Namy y Waxman, 2005; Salsa y Peralta, 2010).

En el marco de este trabajo se postula que esta capacidad de comprender que una entidad está ocupando el lugar de otra se podría denominar "función referencial". El corazón de la función referencial lo constituiría la detección de la intención comunicativa del productor del símbolo. Esta función se desarrolla gracias al contacto del niño con su entorno social y cultural; nunca podría desplegarse fuera de contextos comunicativos.

En este marco, se prefirió adoptar la terminología "función referencial" en lugar de denominar a estos fenómenos "función simbólica" para acentuar la distinción de estos postulados con el concepto clásico. Una diferencia sustancial entre el concepto de función simbólica y la propuesta de función referencial es que esta última intenta incluir la idea de especificidad de dominio. Aquí se considera que el hecho de que esta función referencial pueda reconocerse en todos los dominios y microdominios simbólicos no implica que se desarrolle de igual manera a través de todos ellos, sino que cada uno requiere habilidades específicas y se ve afectado por variables particulares. De hecho, en el presente trabajo de investigación se explorarán diferentes variables que impactan de diferentes maneras en la comprensión referencial de imágenes y de palabras.

La hipótesis que aquí se plantea es que para el desarrollo de esta función se necesitan habilidades perceptuales previas, que son específicas de cada sistema de procesamiento de información. Por ejemplo, es requisito previo para conectar una imagen con su referente la detección de los distintos objetos representados en las imágenes, el reconocimiento perceptual de estos objetos y la distinción entre objetos bi- y tridimensionales. En el caso de la atribución referencial del significado de las palabras, es indispensable que previamente se diferencie el discurso en el ambiente, entre otros ruidos, que se puedan segmentar las palabras en el discurso y que se reconozcan los posibles referentes de dichas palabras.

Por otro lado, existirían mecanismos o habilidades cognitivas de carácter general que impactan en la comprensión referencial. En el curso del presente trabajo, se resaltará, aunque no se pondrá el foco en estos fenómenos, la importancia del razonamiento por analogía. La posibilidad de establecer analogías entre diferentes entidades ha demostrado ser un factor decisivo a la hora de conectar tanto una imagen con su referente como una palabra con su significado (Gentner, 1988; Gentner y Rattermann, 1991; Rattermann y Gentner, 1998). Seguramente, podrán detectarse otros mecanismos generales que de alguna manera se relacionan con esta función referencial.

Por último, aquí se propone que la función referencial se ve afectada por conocimientos y procesos específicos en relación con las leyes y los usos de cada sistema. En relación con las imágenes, serían entre otros, la capacidad de mantener una doble representación, la comprensión de la asimetría entre la imagen y el referente, la diferenciación entre momento de contemplación y momento de producción, y la posibilidad de incluir en el análisis características del contexto de producción y del productor. Con respecto al aprendizaje del significado palabras, estas habilidades específicas se centrarían en el conocimiento lingüístico, que abarca conocimiento de la sintaxis y de la semántica de una lengua dada y las características del contexto lingüístico y del emisor del mensaje.

Estos procesos, requisitos previos, habilidades generales, y conocimientos y procesos específicos, impactan y a la vez son influidos por el núcleo de la función referencial: la detección de la intención comunicativa. Por ejemplo, sería imposible relacionar una palabra con su referente si previamente no se ha fragmentado el discurso en palabras y detectado posibles referentes. Asimismo, detectar la intención comunicativa puede contribuir a que se seccione más finamente el discurso y a que se pueda detectar de manera más precisa un referente. Desde el punto de vista del desarrollo, detectar, utilizando pistas comunicativas, la unión entre palabra y referente en una escena particular podrá ayudar a adquirir conocimientos lingüísticos específicos, sintácticos y semánticos (Arunachalam y Waxman, 2010; Waxman y Lizd, 2006). La Figura 1 es un intento de esquematizar esta propuesta.

Asimismo, la función referencial no se desarrollaría de una vez y para siempre en los primeros años de vida. Esta función es un complejo entramado de habilidades específicas y generales, y su desarrollo continúa afinándose hasta entrada la edad escolar y, en el caso de la detección de referentes para algunas representaciones abstractas, hasta la vida adulta. Es posible que esta función utilice progresivamente más procesos específicos, a medida que el niño va adquiriendo conocimiento acerca de los diferentes sistemas.

Asimismo, a diferencia del planteo clásico de función simbólica, la función referencial no intenta explicar todas las acciones que los humanos pueden realizar utilizando símbolos. Sólo se centra en la capacidad de relacionar un símbolo con un referente. Es decir, los niños y adultos, una vez que detecten qué tipo de relación entabla un símbolo con su referente, podrán desplegar múltiples funciones, resolver problemas y accionar sobre el entorno de manera adecuada para una situación dada (Freedman, 2008). Entre estas funciones, algunos autores definen las funciones pragmáticas, que permitirían el uso de símbolos como memoria externa rescatando información cultural almacenada en soportes materiales, y las funciones epistémicas, que implicarían una transformación cognitiva tomando a las representaciones ya no como un objeto aislado, sino como componentes de sistemas simbólicos organizados (Pérez-Echeverría, Martí y Pozo, 2010; Pérez-Echeverría y Scheuer, 2009).

En suma, en este libro se plantea que la función referencial sería una función cognitiva que atraviesa todos los dominios y microdominios simbólicos. Debido a que en el corazón del símbolo se encuentra la intencionalidad humana, esta capacidad se basa en la posibilidad de detectar la intención comunicativa del productor o transmisor del símbolo. Por otro lado, además de reconocer la generalidad de esta función, se considera que se despliega de manera específica en cada dominio y microdominio simbólico.

Figura 1. Procesos implicados en la función referencial de imágenes y palabras

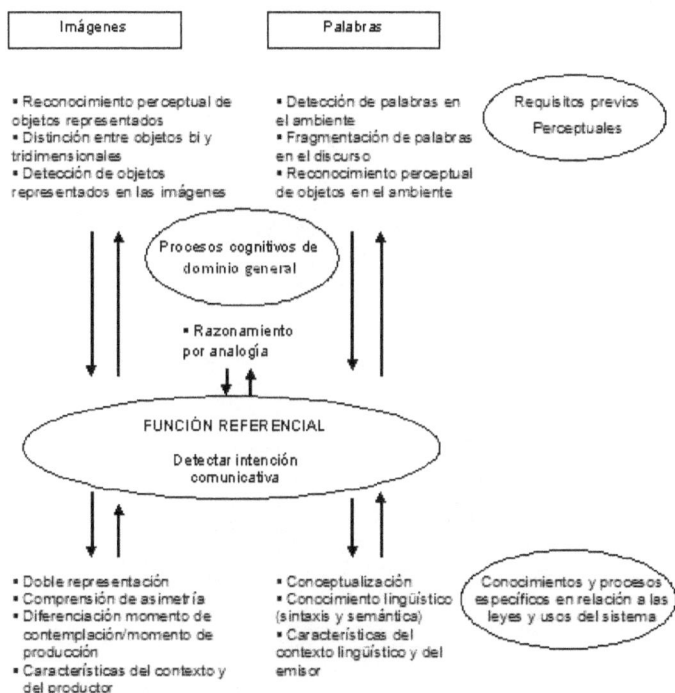

Imágenes	Palabras

- Reconocimiento perceptual de objetos representados
- Distinción entre objetos bi y tridimensionales
- Detección de objetos representados en las imágenes

- Detección de palabras en el ambiente
- Fragmentación de palabras en el discurso
- Reconocimiento perceptual de objetos en el ambiente

Requisitos previos
Perceptuales

Procesos cognitivos de dominio general

- Razonamiento por analogía

FUNCIÓN REFERENCIAL

Detectar intención comunicativa

- Doble representación
- Comprensión de asimetría
- Diferenciación momento de contemplación/momento de producción
- Características del contexto y del productor

- Conceptualización
- Conocimiento lingüístico (sintaxis y semántica)
- Características del contexto lingüístico y del emisor

Conocimientos y procesos específicos en relación a las leyes y usos del sistema

Fuente: elaboración propia.

CAPÍTULO II
LAS IMÁGENES Y SU COMPRENSIÓN REFERENCIAL

La obra de Magritte *La traición de las imágenes* es sugerente, plasma una reflexión acerca de la función referencial de las imágenes y del vínculo que éstas entablan con las entidades que representan. En una entrevista el artista comenta: "La famosa pipa. ¡Cómo la gente me reprochó por ello! Y sin embargo, ¿se podría rellenar? No, sólo es una representación, ¿no lo es? ¡Así que si hubiera escrito en el cuadro 'Esto es una pipa', habría estado mintiendo!" (Torczyner, 1977: 71).

Es cierto, la pintura es una representación y sólo comparte algunas propiedades visuales con sus referentes. Sin embargo, en la actualidad las imágenes están tan entrelazadas con nuestra vida cotidiana que a veces se confunde la experiencia pictórica y la realidad más inmediata.

Cuando los niños transitan su segundo año de vida, muchos de sus intercambios con los otros seres humanos y con los objetos del mundo estarán mediados por una gran variedad de símbolos. Dentro de la amplia gama de símbolos, las imágenes tienen un papel protagónico y están presentes en casi todos los ámbitos de nuestra vida, por ejemplo al ver las noticias, al ir al supermercado, al transitar por las calles, al recordar algún evento importante para nuestra historia personal, al elegir el lugar al cual iremos de vacaciones. A pesar de su cotidianeidad y su presunta simpleza, para poder comprender y utilizar distintos tipos de imágenes los niños deberán desplegar habilidades perceptivas, cognitivas y sociales.

Dentro de la psicología, las imágenes han sido vehículo de múltiples indagaciones. Se han usado imágenes
para explorar aprendizajes, para llegar al trasfondo del
mundo mental en técnicas proyectivas, para medir ciertas
habilidades cognitivas (por ejemplo, la inteligencia, la
cognición espacial, la percepción, la memoria), entre
otras. Sin embargo, la exploración acerca de la comprensión referencial de las imágenes, la pregunta en torno
al rol de las imágenes como símbolos, tiene corta data
(Trautner y Milbrath, 2008).

El presente capítulo cuenta con un primer apartado que explora distintos intentos por explicar qué es
una imagen. Asimismo, debido a que se considera a las
imágenes como un tipo particular de objetos simbólicos, se especificarán las características de esta clase de
símbolos. Luego, se revisarán investigaciones en torno
a un contexto de aprendizaje muy usual en la infancia:
los intercambios con libros ilustrados. Para finalizar, se
hará un breve recorrido por las fases de desarrollo de la
comprensión referencial de imágenes identificando tres
etapas: fase precursora o presimbólica, fase de inicio o
simbólica, y fase de refinamiento o postsimbólica. Se
pondrá el foco en la fase simbólica señalando algunas
variables que afectan la comprensión referencial en
esta etapa, específicamente la similitud perceptual y la
instrucción.

¿Qué es una imagen?

Parece simple definir qué es una imagen. Sin embargo, durante décadas filósofos semiólogos, psicólogos
especializados en la percepción y el desarrollo cognitivo

han debatido en torno a la definición de estas entidades, a su inclusión dentro de distintos fenómenos semiológicos y a su clasificación.

Ittelson (1996) destaca la complejidad de estos artefactos simbólicos, los cuales no son transparentes ni fáciles de comprender. Para definir una imagen no se puede ignorar su productor. Para Ittelson, "Una imagen constituye marcas delimitadas en una superficie como resultado de la intención de alguien de comunicar, preservar, o expresan un objeto, evento, idea o emoción" (Ittelson, 1996: 3). Esta postura la comparten varios autores interesados en el desarrollo de la comprensión de las imágenes como símbolos y en los factores que impactan el establecimiento de la conexión entre una entidad y su referente.

Diferentes autores han incluido a las imágenes en diferentes clasificaciones más amplias. Ittelson (1996), por su parte, incluye a las imágenes en su clasificación como marcadores. Los marcadores son artefactos humanos expresivos y comunicativos, ya que no son objetos naturales sino objetos intencionales, constituyen un tipo particular de estímulo espacial que posee materialidad y que se despliega en una superficie.

Para este autor los marcadores deben ser clasificados en términos del rol que juegan en el sistema perceptual, cognitivo y afectivo humano. Se diferencian según la intención del productor y el usuario del marcador. Entre ellos incluye: los diseños, cuya intención es decorativa; la escritura, cuya función es transmitir un significado cognitivo que responda a convenciones aceptadas de uso; los diagramas, que otorgan información que está disponible de forma no visual. Por último, están las imágenes propiamente dichas, cuya función es evocar

objetos o eventos, reales o imaginarios, presentes o futuros, posibles o imposibles. El creador de la imagen puede
seleccionar, abstraer, sintetizar, exagerar o simplificar el
contenido a representar. Sin embargo, para que imagen
sea exitosa como representación, la relación formal entre
imagen y referente debe mantenerse. Cualquier persona
que haya jugado al *Pictionary* estaría de acuerdo con
este punto.

Karmiloff-Smith (1994) incluye a las imágenes dentro del dominio de las notaciones. En esta clasificación
incluye tanto sistemas arbitrarios, como los números y la
escritura, como sistemas icónicos, como los dibujos realistas. Para esta autora las notaciones serían un domino
por derecho propio y, siendo coherente con su intento
de reconciliar el innatismo y el constructivismo piagetiano, reconoce la existencia de habilidades innatas para
el reconocimiento de las imágenes y al mismo tiempo
afirma la experiencia activa del niño como un requisito
para desarrollo de las habilidades de comprensión y de
producción de estas notaciones.

Por su parte, Martí y colaboradores (Martí, 2003;
Martí y Pozo, 1994; Pérez-Echeverría *et al.*, 2010), cen-
trándose en los símbolos que existen fuera del mundo
mental de los seres humanos, acuñaron el término "representaciones externas" para referirse al dominio de
las imágenes. Las representaciones externas son herramientas cognitivas que median las actividades humanas.
Al tener un soporte material, estas representaciones
posibilitan la transmisión cultural, perdurando en tiempo
y espacio independientemente de su creador.

Las representaciones externas se organizan en sistemas, los cuales pueden ser denominados "sistemas
externos de representación". Cada uno de estos sistemas

se rige por reglas específicas y no son reflejos de la realidad, sino que son representaciones de esta realidad, organizadas y estructuradas siguiendo determinadas restricciones. Esto los convierte en sistemas opacos, con procesos de adquisición prolongados y específicos. Es decir, es complejo comprender estos sistemas y no son sólo instrumentos para conocer, son también objetos de conocimiento (Martí, 2003; Pérez-Echeverría *et al.*, 2010).

Martí (2003) distingue diferentes tipos de sistemas externos de representación. Por un lado, existen sistemas arbitrarios, como la notación numérica, la notación química y la escritura. Por otro lado, encontramos sistemas motivados, como las fotografías, los dibujos y las maquetas, que serían sistemas figurativos. Lo que define a estas representaciones es que establecen correspondencias perceptivas claras con su referente. Otras representaciones son híbridos, combinaciones entre sistemas arbitrarios y motivados, como por ejemplo los mapas y los calendarios (Martí, 2003; Salsa y Peralta, 2010; Pérez-Echeverría *et al.*, 2010).

Basándose en su doble naturaleza, en su materialidad y en su estatuto representacional, DeLoache incluyó a las imágenes dentro de su clasificación de objetos simbólicos; clasificación que se adopta en este trabajo y que se desarrollará en más profundidad en el siguiente apartado.

¿Qué son los objetos simbólicos?

Existe una amplia gama de símbolos. Algunos de ellos son efímeros, se despliegan en el tiempo, por ejemplo el lenguaje hablado, los gestos, los juegos simbólicos. Otros, por el contrario, son permanentes, se despliegan en el espacio, como dibujos, fotografías, maquetas, mapas. Se ha denominado a este último grupo "objetos simbólicos".

Los objetos simbólicos constituyen una fuente de información muy importante, expandiendo nuestros horizontes intelectuales en el tiempo y el espacio. Para poder utilizar estos objetos como fuente de información es preciso acceder a un *insight* representacional. Esto sería el conocimiento explícito o implícito acerca de aquello con lo que el símbolo y su referente se encuentran relacionados (DeLoache y Marzolf, 1992). La posibilidad de acceder a un *insight* representacional se ve afectada por múltiples variables, entre las que se encuentran la edad de los niños, las características de los objetos simbólico y el tipo de tarea que deba resolverse.

Gracias a las investigaciones desarrolladas a partir de la década de 1980, DeLoache y colaboradores diseñaron un modelo teórico para interpretar y explicar el uso de diferentes tipos de objetos simbólicos, como modelos a escala, imágenes de videos y fotografías (por ejemplo, DeLoache, 1987, 1991, 2000, 2002, 2004; DeLoache y Burns, 1994; DeLoache, Peralta y Anderson, 1999; Marzolf y DeLoache, 1994). Uno de los aportes más ricos del modelo es la descripción del mecanismo de doble representación: para comprender la naturaleza simbólica de los objetos simbólicos los usuarios deben mantener mentalmente una doble representación, deben representarse el objeto a su vez como objeto concreto y como símbolo. DeLoache descubrió el problema de la doble representación a partir de una serie de estudios en los cuales los niños utilizaban maquetas o fotografías como fuente de información para resolver un problema: encontrar un objeto escondido en una habitación. En estas investigaciones se escondía un juguete pequeño en una maqueta a la vista del niño y éste debía encontrar un juguete similar escondido en el mismo lugar pero en la habitación real. La autora encontró que los niños de dos años y medio no recuperaban el muñeco en la habitación valiéndose de la información acerca de su localización provista por la maqueta. Sin embargo, podían encontrarlo en la maqueta donde habían visto esconderlo, o sea, no se trataba de un problema de memoria. En otras palabras, los niños recordaban exactamente la ubicación del objeto pero no comprendían que la maqueta representaba la habitación, por lo que no la utilizaban como fuente de información (DeLoache, 1987,1991).

En otra serie de estudios se encontró que cuando los niños tomaban la maqueta como un juguete e interactuaban con ella, les resultaba más difícil comprender que era una representación de algo diferente y usarla como fuente de información para resolver la tarea, es decir, responder a la maqueta como un objeto bloqueaba responder a ella como un símbolo. Por otra parte, cuando la maqueta se encontraba detrás de una ventana, los niños de dos años y medio resolvieron la tarea exitosamente (DeLoache y Marzolf 1992; DeLoache, 2000). Asimismo, los participantes eran igualmente exitosos cuando la experimentadora manifestaba que la habitación se había encogido, gracias a la ayuda de una máquina de achicar, y se había convertido en una maqueta. En este caso, el éxito de los niños residió en que la maqueta ya no sería una representación, sino que sería la cosa misma, no siendo necesario mantener una doble representación (DeLoache *et al.*, 1997).

Entre otros hallazgos, las investigaciones de DeLoache y colaboradores encontraron que, si bien los niños detectaban la relación simbólica entre una

maqueta y la habitación a los tres años de edad, em-
pleando una fotografía esta relación podría ser detectada
6 meses antes, a los 2 años y medio. Esta diferencia se ex-
plicó partiendo de la hipótesis de la doble representación.
Las maquetas son objetos más atractivos, al utilizarlos
como fuente de información para resolver una tarea los
niños quedan, de alguna manera, atrapados en su dimensión material lo que dificulta el acceso a la entidad que
representa (DeLoache, 1987; 1991; DeLoache y Burns,
1994). La superioridad de los objetos bidimensionales
por sobre los tridimensionales en cuanto a su utilización
simbólica fue corroborada en diferentes estudios (por
ejemplo, McNeil y Uttal, 2009; Samara y Clements, 2009;
Tare, Chiong, Ganea, y DeLoache 2010; Uttal, O'Doherty,
Newland, Hand, DeLoache, 2009).

   Esta hipótesis no sólo es contra intuitiva, sino que
contradice algunos postulados clásicos de la psicología
del desarrollo. Por ejemplo Piaget (1993/1964) afirmaba
que la interacción con objetos, su exploración y manipulación, contribuía a su utilización simbólica en diferentes
tareas cognitivas.

Las imágenes como objetos simbólicos bidimensionales

Clasificación de las imágenes

   Existen diferentes maneras de clasificar las imágenes. Pueden agruparse según sus características físicas,
lo que Gibson (1971) denominó "superficie", o por su
contenido. En relación con las características físicas,
estas representaciones se pueden clasificar teniendo
en cuenta su similitud perceptual con el referente. En
cuanto a los contenidos reflejados en las imágenes, éstos son diversos ya que pueden representar entidades
abstractas, no reconocibles, u objetos identificables. Se

puede distinguir entre las imágenes que tienen referentes reales, que existen o han existido en el mundo alguna vez, y las que representan objetos, criaturas y acontecimientos que nunca existieron y nunca podría existir, por ejemplo un unicornio (DeLoache y Burns, 1994; DeLoache, Pierroutsakos y Troseth, 1996).

Las imágenes pueden diferenciarse también por su modo de producción. Algunas imágenes son producidas mecánicamente, como una fotografía, otras son creadas con las manos, como un dibujo. Pierce (1932) incluye a los dibujos en su clasificación de íconos y a las fotografías en su clasificación de índices. Esta distinción no es menor, ya que el proceso de producción dice mucho acerca de la relación que una imagen entabla con su referente. Los adultos y los niños mayores saben que las fotografías tienen referentes reales que se pusieron delante de la cámara en un momento específico, mientras que los dibujos pueden no representar entidades reales. Igualmente, esta distinción tan tajante se desdibuja en la actualidad gracias a programas de manipulación de fotografías, que pueden modificar de tal manera la representación que su contenido dista mucho del referente que estuvo presente en el momento de la captura de la fotografía.

Una clasificación sumamente importante en el contexto de este libro es la que realizan DeLoache y Burns (1993, 1994) al introducir los conceptos de representaciones específicas y representación genérica. Una imagen puede usarse para representar una persona o evento específico, o puede emplearse genéricamente para representar una clase de persona o evento. Una foto de mi gato Hugo puede representarlo a él en particular o representar a los gatos en general, es decir al concepto gato. Una imagen utilizada como una representación genérica es muy común para los niños pequeños ya que son el tipo de imágenes presentes en los libros ilustrados. Estas autoras afirman que comprender y utilizar una representación genérica es más sencillo en la infancia temprana que utilizar una imagen para referir una realidad específica.

Interacción temprana con libros con imágenes

La lectura conjunta de libros ilustrados es una forma de interacción materno-infantil muy habitual (por ejemplo, DeLoache y Peralta, 1987; Ninio y Bruner, 1978; Peralta, 1995; Peralta y Salsa, 2001; Snow y Goldfield, 1983). Los padres frecuentemente manifiestan leer o interactuar con libros ilustrados con sus hijos antes de los 12 meses de edad, al menos en algunas culturas y niveles socioeconómicos (por ejemplo, Huebner, 2000; Karrass, VanDeventer y Braungart-Rieker, 2003; Lonigan, 1994; Payne, Whitehurst, y Angell, 1994). La lectura de libros en casa ha sido destacada como una actividad que promueve el desarrollo del lenguaje durante los primeros 3 años de vida (por ejemplo, Ninio, 1983; Ninio y Bruner, 1978; Snow y Goldfield, 1983).

Un logro central en relación con la comprensión referencial es entender que las personas y los objetos presentes en las imágenes existen en el mundo, es decir, que las imágenes vienen a mostrar algo acerca del mundo. En estos contactos los padres presuponen que sus niños están adquiriendo algún aprendizaje, por ejemplo el aprendizaje del léxico. Si bien se ha investigado ampliamente este tipo de interacciones, por ejemplo en cuanto a sus características como un dispositivo de aprendizaje (DeLoache y Peralta, 1987; Ninio y Bruner, 1978; Peralta, 1995; Peralta y Salsa, 2001; Snow y Goldfield, 1983), escasamente se ha estudiado qué tipo de imágenes facilitan o no estos aprendizajes (Ganea, Bloom Pickard y DeLoache, 2008).

Ganea y colaboradores (Ganea, Allen, Butler, Carey y DeLoache, 2009; Ganea, *et al.*, 2008; Ganea, Ma, DeLoache, 2011; Tare, *et al.*, 2010; Walker, Walker y Ganea, 2012) estudiaron recientemente el aprendizaje de palabras a través de libros con imágenes y la transferencia de estos aprendizajes a la vida real. Sus investigaciones se centraron principalmente en la naturaleza y en las características del medio simbólico a partir del cual se realizan los aprendizajes. Si el libro está destinado a servir a una función educativa, como enseñar a los niños algo nuevo sobre el mundo real, entonces las características de las imágenes que componen el libro deben considerarse cuidadosamente.

En una serie de estudios, Ganea y colaboradores (Ganea *et al.*, 2008) enseñaron a los niños de 15 y 18 meses una nueva palabra (*"blicket"*) a través de una imagen en un contexto de interacción con un adulto utilizando un libro de imágenes El objetivo de un primer estudio fue explorar si los niños extendían este nuevo nombre, aprendido a través de la imagen, a un objeto real. Usaron tres tipos de imágenes que se diferenciaban por su nivel de iconicidad o similitud perceptual con el referente (fotografías, dibujos realistas y caricaturas). Encontraron que la transferencia de la información entre libros de imágenes y los objetos reales se ve afectada por el nivel de iconicidad de las imágenes utilizadas. La similitud perceptual facilita el *insight* simbólico haciendo más transparente la relación entre la imagen y el referente.

La flexibilidad en el uso de símbolos requiere la transferencia de la información no sólo de la imagen al referente, sino también del referente a la imagen. En un segundo estudio se exploró si los niños de 15 y 18 meses podían aprender el nombre de un objeto nuevo y extender el nombre del objeto a su imagen. Se enseñó a los niños un nombre relacionando el nombre con el objeto concreto. Luego se solicitó a los niños que extiendan el nombre ya sea a una foto o a una caricatura del objeto usando un libro de imágenes. Los resultados son consecuentes con los del Estudio 1: muestran que los niños pudieron aprender el nombre del objeto y extenderlo a la fotografía pero no a la caricatura.

En otra investigación, Ganea y colaboradores (Ganea *et al.*, 2009) se preguntaron si los niños podrían extender la palabra aprendida a través de una imagen a un objeto de otro color, o sea, a otro ejemplar de la misma categoría. Los niños en esas condiciones no lograron dar una respuesta que reflejara una comprensión referencial entre las imágenes y los objetos, mostrando nuevamente que la diferencia perceptual tiene un gran efecto en la comprensión simbólica a edades tempranas.

Asimismo, también focalizados en el tipo de imagen utilizada en la tarea de aprendizaje, Tare, Chiong, Ganea y DeLoache (2010) exploraron nuevamente el impacto de la iconicidad en una tarea de aprendizaje de una palabra y además el efecto de la presencia de relieves sobre la superficie de las imágenes utilizadas, lo que invitaba al niño a la manipulación. Los resultados de esta investigación señalan que el aprendizaje de los niños de dos y tres años de edad se veía facilitado por el grado de realismo de las imágenes y obstaculizado por la presencia de relieves sobre las imágenes que incitan a su manipulación.

En otra serie de estudios se exploró el aprendizaje de palabras a través de imágenes por parte de niños que habitaban un área rural de Tanzania, con poca o nula exposición a ellas durante su primera infancia. Los resultados de estos estudios reflejaron una diferencia entre el aprendizaje y la posibilidad de generalización entre los niños de Tanzania y niños occidentales. En concreto, los niños de Tanzania no transfirieron el nombre aprendido a través de una imagen a su referente y tampoco generalizaron esta palabra a un nuevo ejemplar de la misma categoría. Esta investigación pone de manifiesto la importancia de la experiencia con imágenes para su utilización en procesos de aprendizaje (Walker *et al.*, 2012).

En las investigaciones reseñadas se exploró el aprendizaje de un sustantivo, específicamente el nombre de un tipo particular de objeto. Ha sido escasamente estudiado el aprendizaje de propiedades a través de libros de imágenes. Ganea, Ma y DeLoache (2011) investigaron la capacidad de niños preescolares, de 3 y 4 años, de transferir ciertas propiedades biológicas (camuflaje) desde fotos de animales a ejemplares reales. Encontraron que los niños de 4 años transferían exitosamente la información aprendida mientras que el grupo de 3 años de edad presentó dificultades a la hora de realizar la tarea.

Los resultados de esta línea reciente de investigación reflejan la importancia de considerar las características de las imágenes utilizadas como vehículos de diferentes aprendizajes. La similitud perceptual entre imagen y referente parece ser un factor decisivo para ayudar a los niños a conectar la palabra aprendida con un objeto real. Asimismo, en concordancia con la hipótesis de la doble representación, las imágenes con relieve obstaculizarían la conexión del símbolo con su referente al resaltar su dimensión material. Por último, se destaca la importancia de la experiencia simbólica con libros de imágenes para poder utilizar eficientemente este medio en un aprendizaje.

El desarrollo de la comprensión referencial de imágenes

Las imágenes constituyen un engañoso problema, su comprensión parece simple pero es el resultado de un proceso cognitivo sumamente complejo. "La simplicidad de reconocimiento no debe confundirse con la facilidad de comprensión" (Sigel, 1978: 108). Existe una enorme distancia entre la percepción de imágenes y su comprensión. Mientras que el primer proceso sólo requiere habilidades de reconocimiento perceptuales, según algunos autores innatas o con muy poca necesidad de aprendizaje, la segunda requiere un entramado de habilidades cognitivas, sociales y perceptuales para llevarse a cabo.

La capacidad de comprender y utilizar imágenes es denominada "competencia pictórica" por DeLoache y Burns (1994), e implica procesos de reconocimiento, de comprensión, de interpretación y de uso de representaciones figurativas. Para adquirir esta competencia, los niños deben poder mantener dos representaciones mentales al mismo tiempo y además deben comprender la relación entre ellas. El niño, entonces, debe ser capaz de establecer una metarrepresentación. Esta competencia se desarrolla gradualmente durante los primeros años de vida. Sólo poco a poco los niños pequeños averiguan en qué consiste la naturaleza de las imágenes y cómo se utilizan (DeLoache, 1991; 1995; DeLoache *et al.*, 1996; DeLoache, Pierroutsakos, Uttal, Rosengren y Gottlieb, 1998).

Callaghan y colaboradores (Callaghan, 2008; Callaghan y Rochat, 2008; Rochat y Callaghan, 2005) han descrito un modelo que reconoce tres fases en el desarrollo simbólico de la comprensión y la utilización de representaciones pictóricas. Por empezar, los niños transitarían una fase precursora, luego una fase de inicio o fase simbólica propiamente dicha, y por último una fase de perfeccionamiento. Callaghan afirma que el apoyo y la interacción social son los motores para propulsar el desarrollo a través de los tres niveles de comprensión simbólica.

Fase precursora

Desde hace décadas diferentes investigadores se han preguntado acerca de los procesos que subyacen a la percepción de imágenes. Estas teorías pueden dividirse en dos grandes grupos. Por un lado se encuentran los acercamientos teóricos denominados "teorías del ojo inteligente" (Troseth, Pierroutsakos y DeLoache, 2004), también llamados "teorías universalistas" (DeLoache *et al.*, 1996) y bautizados "teorías de la asunción pictórica" por Ittelson (1996). En este primer grupo de teorías se pueden incluir los aportes de autores como Gibson (1971, 1979) y Gregory (1970), quienes afirmaron que no se requería aprendizaje para percibir imágenes, ya que la percepción de imágenes y objetos se puede explicar mediante los mismos procesos. En otras palabras, los bebés llegan al mundo con ojos inteligentes que pueden comprender y utilizar representaciones figurativas. Por

eso, las imágenes fueron usados por muchos investigadores para investigar la percepción de objetos reales
(Ittelson, 1996).

En la vereda opuesta se ubica otro grupo de teorías
denominadas "teorías relativistas" (DeLoache *et al.*,
1996). Dentro de este grupo se podría incluir a Gombrich
(1974) y a Goodman (1976), quienes hicieron hincapié en
la naturaleza simbólica de las imágenes, argumentando
que estas entidades tienen un código o lenguaje particular que debe ser aprendido. Los niños comenzarían
el largo camino de aprendizaje acerca de las imágenes
con un ojo inocente.

La postura universalista adquiere fuerza gracias a
las investigaciones que afirman que los niños pueden
reconocer objetos y caras representadas en las imágenes. Dirks y Gibson (1977) establecieron que incluso los
bebés de 5 meses de edad pueden reconocer objetos
representados en imágenes. Barrera y Maurer (1981)
encontraron que bebés de 3 meses reconocían a su madre
en fotografías. Hochberg y Brooks (1962) realizaron un
experimento en el cual retiraron de la vista de su propio
niño toda fotografía o dibujo durante su primer año de
vida. Cuando el niño tuvo 19 meses se le presentaron
dibujos y fotografías de objetos o personas familiares y
los pudo reconocer.

Por otro lado existen evidencias de que a edades
tempranas los bebés pueden distinguir entre objetos tridimensionales y bidimensionales y establecer relaciones
entre objetos y referentes (DeLoache, Strauss y Maynard,
1979). Otros estudios también reportan la diferenciación entre fotografías y referentes a edades tempranas
(por ejemplo, Barrera y Maurer, 1981; DiFranco, Muir y
Dodwell, 1978; Rose, 1977).

Callaghan y colaboradores (Callaghan, 2008; Callaghan y Rochat, 2008; Rochat y Callaghan, 2005) reconocen estas habilidades tempranas de reconocimiento y señalan que son protagonistas de una fase particular dentro del desarrollo simbólico de la comprensión de imágenes: la "fase precursora". Esta etapa sienta las bases para la posterior comprensión referencial entre imagen y referente. Por tanto, en esta etapa se desplegarían las habilidades en relación con el reconocimiento perceptual y la distinción entre imágenes y referentes, habilidades que requieren de escaso aprendizaje. También intervienen capacidad de razonar por analogía, es decir de detectar similitudes entre diferentes entidades. Asimismo, en esta etapa los bebés empiezan a detectar la intención comunicativa de los demás y a imitar las acciones que los adultos realizan con las fotografías.

A pesar de las capacidades perceptuales, los niños pequeños tienen dificultades en comprender de qué se trata la relación entre la representación y su referente. Por este motivo, también se ha llamado esta etapa temprana "presimbólica" (Salsa y Vivaldi, 2012). Tanto padres como investigadores han informado de manera informal que los niños confunden una foto con su referente tratando de tomar los objetos representados en fotografías (por ejemplo, Murphy, 1978; Ninio y Bruner, 1978; Perner, 1991; Wener y Kaplan, 1963). Perner (1991) describe como su niño de 16 meses intentaba introducir su pie en la foto de un zapato. Murphy (1978) y Ninio y Bruner (1978) notaron que, en un contexto de interacción materno-infantil con libros de imágenes, los niños golpeaban y raspaban las páginas como tratando de tomar los objetos en ellas representados.

Estudios experimentales también evidencian este fenómeno. DeLoache, Pierroutsakos, Uttal, Rosengren y Gottlieb (1998) encontraron que hasta los 18 meses de edad los niños trataban de tomar los objetos representados en imágenes. Otra serie de experimentos (Pierroutsakos y DeLoache, 2003) mostró que la investigación manual varía en función del realismo de los libros. Los niños que interactuaban con imágenes más parecidas a sus referentes manifestaban más conductas de manipulación.

La manipulación temprana de imágenes reflejaría que los niños, si bien reconocen los objetos representados, no comprenden de qué manera se vinculan una imagen con su referente. No comprenden que la relación entre símbolo y referente es asimétrica y por lo tanto que algunos atributos del objeto no están presentes en las imágenes. Asimismo, los niños exploran las imágenes para desentrañar qué tipo de entidades son, conocer sus características y aprender a utilizarlas (DeLoache *et al.*, 1998, 1996; Troseth *et al.*, 2004).

Se podría afirmar que los bebés y los niños muy pequeños están preparados para percibir imágenes, lo que no significa que comprendan su estatuto simbólico. La percepción de imágenes implica un proceso de detección de similitudes superficiales entre la representación y el referente. Por el contrario, comprender el rol representacional de estas entidades implica la decodificación de la información presente en ellas y la correcta vinculación de estos estímulos con los objetos presentes en la realidad (Ittelson, 1996).

En resumen, si bien los bebés y los niños muy pequeños poseen habilidades para percibir imágenes y reconocer objetos en ellas representados, comprender el estatuto simbólico de las imágenes y utilizarlas en diferentes contextos requiere del desarrollo de habilidades cognitivas y sociales específicas. Este proceso de aprendizaje es posible gracias a la interacción del niño con su medio social, lo que le permitirá comprender las intenciones comunicativas de los demás y utilizar las imágenes y otro tipo de entidades como símbolos.

Fase de inicio

En esta etapa el niño comienza a comprender la función referencial de las representaciones figurativas, entendiendo que los objetos y las personas representados en ellas existen en el mundo real (Martí, 2003). Esta fase es denominada por Callaghan (Callaghan, 2008; Callaghan y Rochat, 2008; Rochat y Callaghan, 2005) "fase de inicio".

Gracias a la exposición cotidiana a las imágenes, al año y medio de vida los niños adquieren experiencia a la vez que decrece la manipulación de las imágenes que pueden inhibir el movimiento de prensión (DeLoache, 2005). Ahora los niños pueden distinguir entre espacio gráfico y realidad gracias a la observación de las diferentes actividades que hacen los adultos con las imágenes: las miran, las tocan, indican objetos presentes en ellas.

DeLoache y colaboradores (DeLoache *et al.*, 1996) han destacado que para acceder a una comprensión referencial de las imágenes se requiere dominar lo que ellos llaman "tres erres": representación, referente y relación entre ambos. Es decir que el niño no sólo debe mantener activas dos representaciones, la que se refiere a la representación en sí misma, a la imagen, y la que alude al referente, sino que también debe comprender qué tipo de relaciones se establecen entre estas entidades.

Por su parte, Beilin y Pearlman (1991) plantean que las imágenes se diferencian de sus referentes en tres aspectos: físico, funcional y existencial. La distinción física alude a que no todos los atributos de un referente están presentes en la imagen. La foto de un helado no es fría, la fotografía de mi gato Hugo no es suave al tacto. Asimismo, debido a que la imagen tiene materialidad, es un papel, esta entidad posee características perceptuales que no se aprecian en el referente. Las imágenes se diferencian de sus referentes por la función que cada uno desempeña. La fotografía de un helado puede funcionar como una fuente de información acerca de la clase de los productos que se expenden en una heladería, pero no podrá comerse. Por último, existe una diferencia existencial entre una imagen y su contenido. En otras palabras, la imagen permanecerá estable a pesar de que su referente se modifique. Esta diferenciación es la más difícil de asir, ya que hay confusiones en relación con la existencia de estas entidades hasta los 4 años.

En cuanto a la comprensión temprana de imágenes, numerosas investigaciones, utilizando diferentes tipos de tareas, han encontrado que los niños pueden comprender la relación que une un objeto con su referente entre los 18 y 30 meses. Estas investigaciones han utilizado tareas de búsqueda (por ejemplo, DeLoache y Burns, 1994; Peralta y Salsa, 2011), de correspondencia (por ejemplo, Harris, Kavanaugh y Dawson, 1997), de aprendizaje de palabras (por ejemplo, Ganea *et al.*, 2008 y 2009; Preissler y Carey, 2004).

Investigaciones que han empleado tareas de búsqueda han descubierto que hacia el segundo año de vida los niños empiezan a mostrar mucho interés en las imágenes y comienzan a vislumbrar cómo usarlas.

A los dos años, los niños pueden utilizar una imagen como medio de comunicación (Peralta y Salsa, 2009) y a los dos años y medio como fuente de información (DeLoache y Burns, 1994). A los tres años de edad los niños han adquirido mayor flexibilidad para acceder a la relación simbólica entre la imagen y su referente (Salsa y Peralta, 2007).

Utilizando una tarea de aprendizaje de palabras, Preissler y Carey (2004) exploraron la comprensión referencial de palabras y de imágenes. Diseñaron una tarea que consistía en enseñar a niños de 18 y 24 meses de edad una palabra nueva (*"whisk"*) mediante un entrenamiento en el cual presentaban repetidamente la palabra nueva con la imagen de un objeto desconocido. Posteriormente mostraban a los niños la imagen y el objeto nuevo pidiéndoles que señalaran cuál de ellos era el *whisk*. Las autoras plantearon que, si los niños aprendían referencialmente las palabras, elegirían el objeto o el objeto acompañado por su imagen, pero en ningún caso la imagen sola. Por el contrario, si los niños asociaban los estímulos entre sí por su presentación simultánea, relacionarían la palabra con la imagen, lo que mostraría un aprendizaje asociativo y no referencial. Las investigadoras encontraron que los niños elegían siempre el objeto o el objeto y su imagen, lo cual fue interpretado como una evidencia de la comprensión referencial de palabras y de imágenes.

Ganea y colaboradores (Ganea *et al.*, 2009) replicaron la tarea diseñada por Preissler y Carey (2004), enseñando la palabra nueva (*"blicket"*) a través de libros ilustrados a niños de 15, 18 y 24 meses de edad. Luego el experimentador les mostraba a los participantes una imagen del objeto y el objeto real pidiéndoles que indicaran cuál de ellos era el *blicket*. Se observó si los niños indicaban el objeto real, la imagen o ambos a la hora de mostrar el *blicket*. Los participantes no prefirieron el objeto real sobre la imagen. En este punto, este estudio no arrojó los mismos resultados que el estudio de Preissler y Carey (2004).

Los autores atribuyen la discrepancia en los resultados a dos grandes diferencias entre las investigaciones. Por un lado, las imágenes utilizadas en el trabajo de Ganea y colaboradores (2009), al ser más grandes y realistas, serían mejores candidatos para ser portadoras de un nombre. La segunda diferencia se encuentra en el entrenamiento: en el estudio de Preissler y Carey (2004), se apareaba en más oportunidades el nuevo nombre con la imagen y en cada entrenamiento los niños debían elegir el *whisk* entre dos o tres imágenes de otros objetos. En el trabajo de Ganea y colaboradores (2009) muchos objetos fueron nombrados y los niños no practicaron exhaustivamente la elección del *blicket* entre los diferentes objetos. Esta diferencia en el entrenamiento quizás hizo más robusta la relación entre la palabra *whisk* y la imagen del *whisk* que la relación entre la palabra *blicket* y la imagen del *blicket*. Paradójicamente, cuanto más robusta sea la relación hace más segura la extensión de la palabra al objeto real.

A pesar de los grandes avances en esta etapa, la comprensión referencial de imágenes en niños es frágil y se ve afectada por múltiples variables que actúan en conjunto (DeLoache, *et al.* 1999), tales como la similitud perceptual entre el símbolo y el referente, la instrucción o información otorgada por el adulto que estructura el aprendizaje y la experiencia simbólica. En este trabajo se considerarán particularmente las variables de similitud perceptual y de instrucción.

Similitud perceptual

La similitud o iconicidad es el grado en que una entidad se parece físicamente a su referente. Mientras que la similitud perceptual entorpece el conexión imagen-referente en la fase precursora, ya que invita a la manipulación (Pierrotsakos y DeLoache, 2003), esta variable ha demostrado tener un efecto favorecedor en la comprensión y en el uso de objetos simbólicos en niños de 2 a 4 años (DeLoache, 1995, 2002; DeLoache, Miller, y Pierroutsakos, 1998).

Utilizando una tarea de correspondencia, que consistía en unir una imagen con un objeto referente, Callaghan (2000) descubrió que los niños de 30 y 36 meses de edad comprenden la relación representación figurativa-referente basándose en la similitud perceptual y en el nombre de los objetos representados. Esta autora encontró que los niños podían conectar una imagen con sus referentes si estas entidades eran muy parecidas y si conocían los nombres de los objetos representados. La similitud perceptual facilita la comprensión o *insight* simbólico y hace entonces más transparente la relación entre la imagen y el referente.

Por su parte, Ganea y colaboradores (2008) estudiaron la enseñanza a través de libros de imágenes y encontraron que la transferencia de la información de libros de imágenes a los objetos reales se ve afectada por el nivel de iconicidad de las imágenes utilizadas. Estos resultados otorgarían peso a la idea de que el realismo de los libros de imágenes es importante a la hora de enseñar a los niños pequeños.

En una tarea de imitación de acciones, Simcock y DeLoache (2006) reportaron un hallazgo similar: los niños de 18 a 30 meses de edad pudieron imitar acciones novedosas con más facilidad cuando se les enseñaba con un libro con imágenes más icónicas (fotografías) que con imágenes menos icónicas (dibujos).

En relación con las tareas de búsqueda, no sólo se han utilizado fotografías, imágenes muy icónicas, sino que también se ha indagado la comprensión representacional de mapas (Marzolf y DeLoache, 1994). Los mapas utilizados fueron planos que ilustraban los contornos de la habitación. Además de otros hallazgos interesantes, se encontró que los niños podían encontrar espontáneamente un juguete escondido en la habitación utilizando como fuente de información un mapa recién a los 46 meses (Maita y Peralta, 2010), es decir, diez meses más tarde de lo que lo lograron niños utilizando fotografías (Salsa y Peralta, 2007). Si bien el objetivo de estos trabajos no fue evaluar el impacto de la similitud perceptual en esta tarea, los resultados de estas investigaciones invitan a pensar que esta variable tiene un gran impacto en la detección de analogías entre dos entidades.

De la misma manera, la similitud ha sido descrita como un factor que beneficia el *insight* representacional en tareas de búsqueda utilizando modelos a escala. Se ha explorado el impacto de diferentes tipos de similitud entre espacios de búsqueda entre los dos años y medio y los tres años y medio de edad, como la similitud entre los muebles de las habitaciones (DeLoache, 1991) y las similitudes en cuanto a las escalas de ambos espacios (DeLoache *et al.*, 1999, Peralta y Salsa, 2003; DeLoache y Sharon, 2005). En estos estudios se ha encontrado un interjuego entre edad y similitud perceptual: los niños más jóvenes necesitaban más pistas en relación con la similitud perceptual de ambas entidades.

La instrucción

Otro de los factores que ha mostrado tener un gran efecto en la comprensión simbólica de los niños pequeños es la naturaleza y la extensión de la instrucción o de la información que reciben en contextos sociales. Como Vygotsky (1978) señaló, los factores sociales juegan un papel crucial en la adquisición de herramientas simbólicas. El contexto social, específicamente las interacciones con otras personas más experimentadas, ofrece a los niños la oportunidad de aprender a usar diferentes tipos de símbolos. Esta variable interactúa con otros factores, como la similitud perceptual entre símbolo y referente, la edad y la experiencia (Peralta y Salsa, 2003; Peralta, Salsa, Maita y Mareovich, 2012).

En el contexto de esta investigación interesa cómo la instrucción facilita la comprensión referencial de objetos simbólicos. Por instrucción se entiende la cantidad y el tipo de información otorgada al niño para beneficiar la comprensión y la utilización de un símbolo en una tarea particular. Aunque DeLoache y colaboradores estudiaron extensivamente el desarrollo de la comprensión infantil de objetos simbólicos, el impacto de la instrucción del adulto en este proceso es el factor que ha sido menos estudiado. DeLoache y Burns (1994) informaron que instrucciones detalladas del experimentador, centradas en poner de relieve las correspondencias perceptivas entre los objetos representados en las imágenes y los muebles de la habitación (es decir, el vínculo de imagen referente), eran necesarios para que niños de dos años y medio resolvieran la tarea.

En los últimos años Peralta y colaboradores han focalizado sus investigaciones en el rol de la instrucción en la comprensión simbólica temprana (por ejemplo, Maita y Peralta, 2010, 2012; Peralta y Salsa, 2003; Salsa y Peralta, 2007). En estos estudios el rol de la instrucción del adulto fue examinado variando la cantidad y el tipo de información suministrada a los niños en tareas de búsqueda con maquetas, fotografías y mapas.

En investigaciones con fotografías se indagó no sólo la cantidad, sino también las características del soporte informativo que permite a los niños pequeños entender su rol representacional (Salsa y Peralta, 2007; Peralta y Salsa, 2011). En relación con la cantidad de información se varió en instrucciones completas y sin instrucción. En concordancia con investigaciones previas (DeLoache y Burns, 1994), se encontró que los niños de 30 meses de edad tenían éxito en la tarea sólo si se les otorgaba instrucción completa. En cuanto al tipo de información, se halló que tanto la información referida a la correspondencia símbolo-referente (que enfatiza la correspondencia entre los objetos representados y sus referentes), como la referida al aspecto intencional del símbolo (que explicita que el símbolo contiene información sobre la función que cumple el objeto simbólico en la tarea) son dos vías de acceso al *insight* representacional y que la intencionalidad es la ruta privilegiada (Salsa y Peralta, 2007).

En otra serie de estudios, Maita y Peralta (2010, 2012; Maita, Mareovich y Peralta, en prensa) exploraron si es posible enseñar la función simbólica de un mapa simple a niños pequeños. Los niños tenían que utilizar un simple plano realizado con líneas en blanco y negro con el fin de encontrar un juguete escondido en un espacio pequeño. La enseñanza consistía en la orientación y la instrucción completa antes del inicio de la tarea, además de retroalimentación correctiva y modelado durante la tarea y después de la primera búsqueda fallida. Los resultados mostraron que a los tres años los niños no comprenden la relación mapa-referente en forma espontánea. Sin embargo, si reciben enseñanza logran comprender dicha relación. También se observó que a los tres años y medio sólo algunos pudieron resolver la tarea. Recién a partir de los cuatro años de edad la mayoría de los niños logro comprender, en forma espontánea, la relación mapa-habitación. Se consideró que la información y el *feedback* contingente a la búsqueda del niño fueron los factores clave que permitieron a los participantes inferir la intención comunicativa del experimentador y beneficiarse de su instrucción.

Fase de refinamiento

Callaghan y colaboradores (Callaghan, 2008; Callaghan y Rochat, 2008; Rochat y Callaghan, 2005) señalan una última etapa en el camino a la comprensión de imágenes, en la cual se refinan o perfeccionan ciertas habilidades en relación con la producción, el uso y la comprensión. En esta fase, que según algunos autores comienza alrededor de los 5 años de edad, los niños pueden ir más allá de la conexión entre símbolo y referente. Esta fase puede durar toda la vida, ya que muchas habilidades siguen desarrollándose hasta la adolescencia o incluso la adultez, como por ejemplo la interpretación de obras de arte.

La comprensión pictórica madura se caracteriza por la flexibilidad del espectador que contempla una determinada imagen. Los niños ahora pueden prescindir de pistas visuales y lingüísticas para acceder a un *insight* representacional. Esta flexibilidad se lograría gracias al perfeccionamiento de adquisiciones previas en relación con la comprensión de las acciones intencionales de los demás. En esta fase los niños comienzan a comprender a los otros como agentes intencionales que tienen creencias, deseos y emociones (Callaghan, 1997, 2000; Callaghan y Rochat, 2008; Rochat y Callaghan, 2005). Por otro lado, en esta etapa los niños logran comprender la independencia entre el dibujo o la fotografía y el estado actual de los objetos representados. Estas habilidades coinciden con la aparición de la teoría representacional de la mente (Perner, 1991).

En suma, el desarrollo del conocimiento sobre las imágenes implica un largo camino en el cual ciertas habilidades individuales se despliegan en ricos contextos sociales de interacción. Asimismo, se puede resaltar que, más allá de la comprensión de la función referencial, las imágenes pueden utilizarse para múltiples fines y que muchos de esos usos, por ejemplo la utilización de las imágenes para resolver problemas complejos, representar relaciones entre variables abstractas, realizar inferencias en relación con otros tiempos y otros espacios, requerirán de un largo camino de aprendizaje que en muchas ocasiones necesitará de prácticas formales de enseñanza.

CAPÍTULO III
LAS PALABRAS Y EL APRENDIZAJE DE SIGNIFICADOS

Los bebés y los niños de todas las culturas aprenden palabras naturalmente y con mucha facilidad. Está
documentado que en los primeros 5 o 6 meses de vida
los niños se ven atraídos atencional y afectivamente
por el habla de sus congéneres. Aproximadamente a los
6 meses de edad los bebés comienzan a segmentar el
discurso en palabras. Entre los 6 y 7 meses de vida los
bebés ya pueden detectar algunos significados de las
palabras más sobresalientes. Cuando los niños llegan
a su primer año comienzan a pronunciar sus primeras palabras, incorporando alrededor de diez palabras
nuevas cada día. A los 24 meses de edad descubren que
hay distintas clases de palabras que se relacionan con
distintos tipos de significados (formas gramaticales). El
aprendizaje de palabras se incrementa paulatinamente
hasta la pubertad. Por tanto, este campo de estudio no
es sólo importante en bebés, sino también en niños preescolares y en edad escolar (Bloom, 2000, 2001; Taverna
y Peralta, 2009; Tomasello, 2003; Waxman y Goswami
2012; Waxman y Lidz, 2006).

El presente capítulo se centrará en el aprendizaje del
significado de palabras de contenido o de clase abierta
(sustantivo, adjetivo), palabras que tienen referentes
individualizables. Si bien en muchas oportunidades en
psicología cognitiva se identifica al significado de las
palabras, por ejemplo la palabra "gato", con un concepto determinado GATO, concepto y significado pueden
diferenciarse (Bloom, 2000). Podríamos definir a un

concepto como una representación mental de una clase de entidades coherentes, serían nociones acerca de
los tipos de objetos y eventos que forman el mundo. El
significado sería el componente lingüístico que otorga
sentido a una palabra, es decir, remite a componentes
semánticos de las palabras. Sin embargo, a pesar de
la distinción de significado y concepto, el significado
podría identificarse con la parte central de un concepto
(Taverna y Peralta, 2009).

Imaginemos una situación en la cual un niño observa a su gato treparse a un árbol y simultáneamente
escucha a su madre afirmar: "el gato está trepando aquel
árbol". Para aprender la palabra "gato", en este contextos
complejo de interacción, el niño debe (a) identificar
la entidad referente en el continuo de la experiencia
(centrarse en el gato y no en la acción de trepar o en el
árbol), (b) detectar la pieza de sonido dentro del continuo
del discurso, y (c) establecer una correspondencia entre
la entidad y el sonido. El foco del presente trabajo está
puesto en la tercera pieza de este rompecabezas: unir
una palabra con su referente, en la función referencial
de las palabras. Como ocurre en todo tipo de símbolos,
es central para resolver este enigma referencial que los
niños detecten la intencionalidad de los demás. La capacidad de asignar una palabra a su referente se basa
en una capacidad para inferir que el hablante pretende
nombrar el objeto designado (Arunachalam y Waxman,
2010; Fennell y Waxman, 2010; Waxman y Gelman, 2009;
Waxman y Goswami, 2012; Waxman y Lidz, 2006).

En este capítulo se realizará una breve exposición
de algunas teorías de adquisición de palabras y se las
clasificará en función de dos ejes: social-individual e
innato-adquirido. Posteriormente, se especificará la

postura teórica adoptada por este trabajo. Para finalizar, se explorarán investigaciones actuales acerca del aprendizaje de dos tipos de palabras: sustantivos y adjetivos.

¿Cómo se aprenden los significados de las palabras? Respuestas desde diferentes teorías psicológicas

A lo largo de la historia de la filosofía y la psicología han existido múltiples teorías acerca del aprendizaje de palabras. Asimismo, estas teorías se han agrupado siguiendo diferentes principios de clasificación. En el presente trabajo se utilizarán dos criterios para la clasificación que ayudarán a ubicar a estas teorías en dos ejes: social-individual e innato-adquirido. Dentro del primer eje se discutirá el peso que estas teorías le otorgan a los procesos individuales y al contexto social en el aprendizaje de palabras. Situadas dentro del primer eje las teorías podrían dividirse en: teorías individualistas, teorías socioculturales o teorías intermedias. Dentro del segundo eje se planteará el rol que las teorías le otorgan a lo innato y a lo adquirido en este proceso de adquisición. Ubicados en el segundo eje las teorías, en particular las teorías individuales, podrían catalogarse como: teorías asociacionistas, teorías innatistas y teorías constructivistas y neoconstructivistas.

Teorías individuales

Este grupo de teorías tienen en común, más allá de las controversias en torno al rol de lo innato o lo adquirido, no hacer mención al lugar que cumple el contexto social en el proceso de aprendizaje de palabras.

Las indagaciones acerca de este proceso se centran en el individuo, el cual es conceptualizado de diferentes maneras en cada teoría o grupo de teorías: individuo como reflejo de su ambiente, individuo con gran bagaje hereditario, individuo constructor de su mundo mental a través de la experiencia, etc.

Asociacionistas

Los teóricos asociacionistas afirman que los niños nacen como una *tabula rasa,* que no poseen ningún bagaje innato que los ayude a desarrollarse y conocer el mundo que los rodea. Esta postura teórica hunde sus raíces en la filosofía aristotélica y luego en los clásicos empiristas, quienes sostienen que los seres humanos utilizan mecanismos simples de asociación entre estímulos para aprender diferentes tipos de conocimientos y de habilidades. En cuanto al aprendizaje de palabras, las teorías asociacionistas afirman que su significado puede extraerse del *input* gracias a mecanismos cognitivos de aprendizaje. Estos mecanismos de asociación serían generales, son los mismos mecanismos utilizados para otros tipos de aprendizajes. Los bebés y los niños contarían con mecanismos que les permitirían detectar regularidades en el ambiente y aprender de las asociaciones entre diferentes eventos. Es decir que gracias a la experiencia el niño puede acceder al desarrollo semántico.

La hipótesis asociacionista del aprendizaje de palabras, cuyo representante máximo fue el filósofo John Locke, tuvo gran repercusión dentro del campo psicológico y filosófico porque es coherente con lo que dicta el sentido común: el significado de las palabras se aprende observando las contingencias del mundo real para su uso (Locke, 1690/1964, en Gleitman, 1990).

Más recientemente, los teóricos conductistas afirmaron que los niños aprenden "comportamientos verbales" mediante mecanismos de aprendizaje simples, mecanismos que también utilizan otros animales, como las palomas y las ratas. Desde esta perspectiva, Skinner (1957, en Tomasello, 2003) propuso que los niños pequeños aprenden palabras por medio del condicionamiento operante y que estas palabras podían ser generalizadas y aplicadas a otros contextos gracias a la generalización de estímulos.

Actualmente, algunos investigadores comparten esta postura teórica, entre ellos Smith y colaboradores (Jones y Smith, 1993; Smith, 2000, 2003, 2010; Yee, Jones y Smith, 2012). Para esta autora los niños adquieren el significado de las palabras mediante procesos de asociación entre regularidades perceptuales y el discurso. El aprendizaje del significado sería como cualquier otro aprendizaje. Desde esta perspectiva, la adquisición de las primeras palabras se logra sin ninguna guía o expectativa, y es sólo después de que el niño ha adquirido una cantidad considerable de palabras, que puede comenzar a detectar los *links* entre las unidades lingüísticas y las conceptuales. Como soporte de esta postura, ha realizado una serie de experimentos en los que los niños frecuentemente consideran que el significado de la palabra es el aspecto más saliente de la experiencia no lingüística. Asimismo, estos investigadores afirman que el desarrollo de la habilidad para reconocer visualmente objetos se entrelaza profundamente con el aprendizaje del lenguaje.

Innatistas

Los teóricos innatistas han argumentado que los niños vienen al mundo preparados biológicamente para adquirir el lenguaje. Sostienen que el ambiente es muy pobre para explicar cómo los niños comienzan a aprender palabras cerca de los 18 meses de edad. Esta idea ha sido denominada como el problema de "la pobreza de estímulos". Los niños parecen necesitar información adicional, más allá de un patrón de sonido percibido y la escena percibida, para aprender el significado convencional de un símbolo lingüístico.

Los pensadores alineados en el pensamiento innatista consideraron que el lenguaje es una capacidad de dominio específico. Existen diferentes posturas teóricas en este marco, pero lo que tienen en común es que todas buscan principios innatos que expliquen el producto final de la adquisición del lenguaje. Las posiciones más extremas consideran que el desarrollo como tal no existe, la cognición de los niños se modifica debido a una maduración biológica gatillada por la experiencia. En las posturas menos radicales existe un peso más grande a la experiencia y consideran a las restricciones como probabilísticas y no como obligatorias.

Innatistas extremos

Dentro de esta línea se encuentran los primeros desarrollos teóricos de Noam Chomsky (1975, 1988). La solución que encuentra este autor al problema de la pobreza de estímulos es la hipótesis de la gramática universal, la cual postula que los seres humanos nacemos con una gramática innata que contiene un número de principios abstractos que guían el proceso de adquisición tanto de la sintaxis como de la semántica. Esta gramática es fruto de una adaptación biológica o de un conjunto de adaptaciones, y se desarrolla como cualquier otro sistema del cuerpo humano, como la visión o la audición. Las teorías de este autor han evolucionado a lo largo de los años, sin embargo, para el propósito de esta exposición resultó importante destacar este momento en su obra.

Por su parte, Fodor (1983) sostiene que el ser humano al llegar al mundo cuenta con un bagaje innato de conceptos. Estos conceptos innatos constituirían el "lenguaje del pensamiento". Las palabras escuchadas actuarían sólo como disparadores para la emergencia de conceptos subyacentes y, al asociar palabra y concepto, se configura el significado, el componente semántico del lenguaje. El significado de las palabras es entendido como un conjunto de marcadores semánticos. Por ejemplo, para definir la palabra "soltero" los marcadores semánticos serían: no casado, adulto y masculino (Katz y Fodor, 1963).

Por su parte Pinker (1987) también sostiene que los niños cuentan al nacer con un conjunto innato de conceptos, que les permitirán acceder a la comprensión gramatical. Este mecanismo se denomina "*boostraping* semántico" y consiste en un proceso asociativo mediante el cual el niño determina una categoría semántica asociada al significado de una palabra y luego determina la categoría sintáctica de la palabra escuchada basándose en un conocimiento innato acerca de las relaciones que se establecen entre categorías semánticas y sintácticas. Una vez que el niño ha inducido, a través de este procedimiento, un cuerpo suficiente de conocimientos sintácticos, ya puede determinar las características distribucionales de las categorías y posteriormente puede utilizarlas para determinar la categoría sintáctica de nuevas palabras.

Innatistas moderados

Las posiciones innatistas moderadas afirman la existencia de restricciones o de sesgos innatos que guiarán la adquisición del lenguaje. Con respecto al desarrollo semántico, estos autores se focalizaron en sesgos conceptuales innatos que guiarían este desarrollo. El niño no se enfrenta a la tarea de aprender las palabras a través de la mera observación, sino que el espectro de hipótesis que puede plantearse respecto del posible significado de las palabras de su lengua está sujeto a restricciones de principio (Carey, 1982; Clark, 1987; Gleitman, 1990; Hall, 1991; Markman, 1990).

En esta perspectiva de restricciones se sitúa a Markman (1987, 1989, 1990, 1992). Según esta autora los niños aprenden palabras guiados por tres restricciones específicas. La primera es la restricción del objeto completo, la cual permitirá, en ausencia de evidencia que señale lo contrario, a los niños asumir que una palabra nueva es usada para referirse a un objeto completo y no a una parte de este objeto, a una propiedad del mismo o a una actividad que realiza. La segunda es la restricción taxonómica, gracias a la cual los niños pequeños extienden una palabra recién aprendida a objetos que pertenezcan a la misma clase taxonómica. Y la tercera restricción se denomina de exclusión mutua, que permite a los niños aprender otro tipo de palabras cuando la evidencia bloquea la restricción de objeto completo, por ejemplo si el niño ya conoce el nombre de un objeto. Estos sesgos serían probabilísticos pero no obligatorios. Es decir que pueden bloquearse cuando los niños cuenten con información suficiente que apoye otra interpretación.

Por su parte, Gleitman (1990) afirma que el niño viene al mundo ricamente preparado para recoger regularidades sensoriales y con restricciones innatas que guiarán la organización de estas percepciones. Sin embargo, esto no es suficiente para aprender el significado de las palabras en general y de verbos en particular. La autora afirma la necesidad del niño de utilizar un mecanismo asociativo específico –a diferencia de los asociacionistas clásicos que clamaban la existencia de mecanismos generales– para acceder al significado de las palabras. Gleitman y colaboradores (Landau y Gleitman, 1985) desarrollan el constructo de "*boostraping* sintáctico". La sintaxis actuaría como un *zoom* mental, un facilitador para acceder al segmento de la escena percibida que debe unirse con la palabra escuchada. Afirman que el aprendizaje de palabras se logra gracias a una asociación frase-mundo, y no simplemente palabra-mundo.

Constructivistas

Piaget (1959/1990, 1970) afirmó que los niños accedían al lenguaje valiéndose de mecanismos cognitivos de dominio general: la asimilación, la acomodación y la equilibración. La adquisición de las primeras palabras, y de otras representaciones simbólicas, marca el final del periodo sensoriomotor y el inicio de la fase preoperatoria. El lenguaje aparecería al año y medio de edad porque es parte de una función simbólica general. No admitía que el bebé recién nacido contara con mecanismos o con estructuras cognitivas específicas para adquirir el lenguaje. El desarrollo del significado se lograría gracias a la experiencia, específicamente gracias a la imitación de signos convencionales. Lo que separa a este autor de los asociacionistas es que, mientras que los primeros explican la adquisición mediante mecanismos asociativos pasivos y simples, Piaget resaltó el rol activo del niño en la adquisición de palabras. En palabras del autor: "Compréndase entonces por qué el lenguaje [...] se adquiere al mismo tiempo que se constituye el símbolo: es que el empleo de signos, como de los símbolos, supone esa actitud, completamente nueva por oposición a las conductas sensomotrices, que consiste en representar una cosa mediante otra cosa. Podemos aplicar al niño esa noción de la 'función simbólica' general" (Piaget, 1970: 172-173).

Karmiloff-Smith por su parte (1994) sostiene que la adquisición del lenguaje es un problema específico con el que se encuentran los niños en su desarrollo. A diferencia de Piaget, afirma que el bebé contaría con predisposiciones lingüísticas y sesgos atencionales innatos que le permitirán guiar su atención a ciertos estímulos. Asimismo, a diferencia de la postura innatista extrema, esta autora considera al niño en desarrollo como un ser activo que explora su contexto. También acepta la existencia de mecanismos de dominio general, como la redescripción representacional, que operarían en el establecimiento de relaciones entre categorías lingüísticas y categorías conceptuales. Para acceder al significado de las palabras la mente en desarrollo analiza activamente la información que tiene almacenada (tanto innata como adquirida) mediante un proceso que consiste en redescribir las representaciones perceptivas en representaciones lingüísticas.

Teorías socioculturales

A diferencia de las teorías individualistas, las cuales centran sus investigaciones en procesos cognitivos que explican la formación de significados dentro de la mente

del niño, las aproximaciones socioculturales, también
denominadas sociopragmáticas o funcionalistas, ponen
de relieve el rol del contexto social-interactivo en el
desarrollo en general y en la formación de significado
en particular. Las palabras, además de ser un producto
social, son aprendidas en contextos de interacción en
donde la participación activa del niño y la participación activa del adulto se entrecruzan. Es decir que el
aprendizaje del significado de las palabras no consiste en una incorporación pasiva de productos sociales,
sino en la internalización activa por parte del niño de
estos productos en la interacción social (Garton, 2001;
Tomasello, 2001, 2003).

Las teorías socioculturales tienen su origen en la
obra de Lev Vygotsky (1978), quien afirmaba que la
adquisición del lenguaje es fruto de la interacción social y se logra gracias a la internalización de productos
culturales. La conducta compleja humana, entre ellos el
desarrollo lingüístico y conceptual, sería posible debido
a la integración del uso de herramientas (inteligencia
práctica) y el uso de signos. Así, el niño transforma profundamente sus capacidades cognitivas en interacción
con otros seres humanos. Esta premisa quedo plasmada
su concepto de "zona de desarrollo próximo", que en
palabras del autor sería "la distancia ente el nivel real de
desarrollo, determinado por la capacidad de resolver independientemente un problema, y el nivel de desarrollo
potencial, determinado a través de la resolución de un
problema bajo la quía de un adulto o en colaboración
con otro compañero más capaz" (Vygotsky, 1978: 133).

Dentro de esta línea se encuentran autores como
Bruner (1883) y Garton (2001), quienes investigaron
de qué manera la participación de niños y adultos en

eventos cotidianos regulares puede contribuir a la adquisición por parte del niño de significados de las palabras y
del uso del lenguaje. Estas interacciones son guiadas en
principio por el participante más competente, el adulto,
quien instruye y asiste al niño en diferentes tareas. Sin
embargo, el rol del adulto es flexible, puede cambiar el
rumbo de la interacción en función de las conductas
del niño.

Michel Tomasello (1999, 2000, 2001, 2003, 2008)
define a su teoría como sociopragmática. Los signos
lingüísticos se aprenden social e intersubjetivamente
mediante aprendizajes culturales, específicamente la
imitación. Es decir, se aprenden en la misma práctica del
lenguaje. Señala tres clases de procesos en la adquisición
de palabras. Por un lado se encuentran los procesos de
requisito previo, que serían la capacidad de segmentar
el discurso y la conceptualización de los referentes. Por
otro lado, destaca los procesos fundacionales, que serían
la capacidad de atención conjunta, la lectura de intención
y el aprendizaje cultural. A estos procesos el autor les da
gran relevancia en sus trabajos de investigación y en sus
conceptualizaciones. Y por último identifica procesos
facilitadores, entre los que incluye el contraste léxico
y el contexto lingüístico. Estos procesos se desarrollan
ontogenéticamente en ese orden: los requisitos previos
actúan en el momento prelingüístico, los procesos de
lectura de la intención ayudan al comienzo de la adquisición al año de edad y los procesos facilitadores
actúan como un refuerzo para acelerar el aprendizaje
de palabras en período preescolar.

Por otro lado, este autor plantea que la experiencia
del niño está restringida pero no como lo piensan los innatistas, sino planteando dos restricciones importantes,

ambas de origen contextual y no interno del niño. La primera restricción importante es el contexto social en el que el niño nace, el cual está lleno de rutinas y de patrones de interacción cultural específicos. Algunas rutinas son bastante fijas de cultura a cultura, como el baño, la lectura de libros, paseos. La segunda restricción son las capacidades con las que cuenta el niño para formar parte de la estructura social. Estas capacidades serían, por un lado, la atención conjunta y, por otro, la lectura de la intención de los demás y el desarrollo de la teoría de la mente. Este grupo de habilidades es fruto de una adaptación biológica que ocurrió recientemente en la filogenia. La dimensión gramatical del lenguaje, por el contrario, es un producto de un grupo de procesos históricos y ontogenéticos referidos a la gramatización colectiva, no es el fruto de una gramática innata universal (Tomasello, 2003).

Dentro de esta perspectiva teórica, Nelson (1996) propone una hipótesis que se encuentra a mitad de camino entre el neocontructivismo y las teorías socioculturales. Esta línea ha sido inspirada en la obra de Vygotsky, pero conserva del espíritu piagetiano el pensar al niño como sujeto activo en su desarrollo. En lo referente al interrogante acerca del aprendizaje de palabras, esta autora afirma que esta gran pregunta no puede resolverse si los investigadores se centran sólo en el niño en desarrollo, como lo hizo el constructivismo, el asociacionismo y el innatismo extremo, ni sólo en las interacciones socioculturales. La respuesta debe hallarse en el encuentro entre esos dos campos: el niño construye pero construye en interacción, en colaboración con el adulto. Esta postura fue denominada "construcción colaborativa". El contexto social y el mundo cognitivo del niño trabajan juntos.

Teorías intermedias

Sandra Waxman (Arunachalam y Waxman, 2010; Fennell y Waxman, 2010; Waxman y Gelman, 2009; Waxman y Goswami 2012; Waxman y Lidz, 2006) presenta una línea de trabajo que, según la autora, se caracteriza por ser integradora y dinámica. La tensión entre naturaleza y crianza, siempre considerada como oposición, es pensada por esta autora desde una lógica de complementariedad, afirmando que trabajan juntas en el proceso de adquisición.

Desde esta perspectiva, la metáfora asociacionista no sería suficiente para explicar la adquisición del lenguaje. Este proceso es un interjuego entre las expectativas del niño y la relación con su entorno. Waxman acepta la existencia de sesgos implícitos que guían al niño en el aprendizaje de palabras. Sin embargo, a diferencia de las teorías innatistas, opina que las expectativas iniciales de los niños y su sensibilidad perceptual, conceptual, social y lingüística no están rígidamente fijadas. Todos los sesgos innatos son calibrados en función de lo que se le presenta al niño en el seno de su lengua materna.

En concordancia con las teorías socioculturales, esta autora opina que la función primaria del lenguaje es la comunicación, por lo tanto los niños deben aprender las palabras en su contexto de aplicación y mediados por otros seres humanos. Para ser exitosos en el mapeo de palabras con sus referentes, los niños deben además ser capaces de inferir algo acerca de las metas e intenciones de los hablantes alrededor de él.

Waxman y colaboradores se han centrado en la relación del aprendizaje de palabras y el desarrollo conceptual. Desde esta perspectiva, los niños albergarían una amplia expectativa tácita de que nuevas palabras –específicamente palabras de clase abierta, independientemente de su forma gramatical– destacan aspectos comunes entre los objetos nombrados. Si escuchamos una palabra que se aplica a varios elementos (por ejemplo, la palabra "animal" aplicada a caballo, pájaro, gato) tendemos a agruparlos juntos en una categoría. Escuchar una palabra nueva invita a buscar el concepto al que refiere (Waxman, 1991; Waxman y Booth, 2001, 2003; Waxman y Goswami 2012; Waxman y Lidz, 2006).

A partir de la consideración de este interjuego entre palabras y conceptos, la autora destaca otro proceso: la extensión. El aprendizaje exitoso de una palabra implica la capacidad de aplicarla más allá de la situación en la cual se introdujo inicialmente. Esta extensión se logra gracias a la conexión entre categorías y formas gramaticales. Por ejemplo, una categoría de objeto incluye un gran número de rasgos comunes que, al ser detectados, posibilitan a los niños extender la palabra con la que se vincula a distintos miembros de la categoría (Arunachalam y Waxman, 2010; Waxman y Gelman, 2009; Waxman y Goswami 2012; Waxman y Leddon, 2011; Waxman y Lidz, 2006).

Otra postura intermedia acerca del aprendizaje de palabras es la teoría desarrollada por Paul Bloom (2000, 2001). Este autor denomina a su teoría "racionalista", ya que sostiene que los niños aprenden palabras ejercitando su razón. El aprendizaje de palabras es fruto de un proceso rico y misterioso, que emerge en la interconexión de capacidades sociales, conceptuales y lingüísticas humanas. Es un proceso complejo porque no es modular ni de dominio específico. "El aprendizaje de las palabras es el producto de varios aspectos de la mente trabajando en su conjunto" (Bloom, 2001: 1124).

Bloom destaca el rol de la teoría de la mente en la adquisición de palabras. Captar la intención del otro es central para la comprensión de símbolos en general y de palabras en particular. Hay tres clases de seres que no aprenden palabras: primates no humanos, niños autistas y niños prelingüísticos. Estos tres seres tienen una característica común: no comprenden la intención de otras personas. "¿Cómo los niños hacen la conexión entre las palabras y las entidades a las que refieren? [...] lo hacen a través de la comprensión de las intenciones referenciales de otros [...] los niños usan su psicología ingenua o teoría de la mente para averiguar qué se refiere la gente cuando usan las palabras" (Bloom, 2000: 60-61). Sin embargo, no es suficiente esta habilidad por sí sola, sino que se combina con otras capacidades cognitivas. Entre las capacidades que interrelacionan se encuentran: capacidades conceptuales, conocimiento sintáctico, habilidades fonológicas, capacidades perceptuales, capacidades de memoria y de aprendizaje, y capacidad de leer las intenciones de los demás.

Para Gentner (2003) lo que diferencia a los seres humanos de otros animales es su capacidad de adaptación. No niega la considerable evidencia de que los bebes humanos nacen con capacidades atencionales incorporadas y expectaciones tácitas acerca del mundo físico y la interacción social. Sin embargo, propone que el bagaje innato de los seres humanos es menor que al de otros animales y afirma la proposición de "menos es más". Asimismo, resalta el peso del pensamiento por analogía en el desarrollo en general y en la adquisición

del lenguaje en particular. La inteligencia humana es tan
poderosa gracias a la habilidad analógica y al lenguaje.

En lo referente al aprendizaje de palabras, sus investigaciones versaron en comparar el aprendizaje de
distintos tipos de palabras, específicamente la comparación entre el aprendizaje de sustantivos y verbos (por
ejemplo: Gentner, 1981, 1982, 2006; Gentner y Boroditsky,
2001), y la comparación de la adquisición de verbos y de
sustantivos en distintos idiomas (por ejemplo, Cifuentes-
Férez y Gentner, 2006; Imai y Gentner, 1997). Llegó a la
conclusión de que los sustantivos se aprenden antes
que los verbos y que los primeros son más estables entre
lenguas debido a dos principios.

El primero es el principio de particiones naturales.
Los sustantivos concretos refieren a objetos individualizables del entorno, tienen una asignación transparente y
las entidades a las cuales refieren tienen una existencia
a largo plazo. Algunos sustantivos pueden aprenderse
antes de que el niño haya penetrado en la semántica de
la lengua. De hecho un niño prelingüístico ya ha indi-
vidualizado muchas entidades. Esta autora se alinea en
la teoría del mapeo estructural (Gentner, 1988; Gentner
y Markman, 1997), la cual postula que los procesos de
comparación entre entidades resaltan las características
comunes y contribuyen a la adquisición de conceptos y
al aprendizaje de palabras. En los primeros aprendizajes
es importante que las entidades que deban relacionarse
sean parecidas perceptualmente, es decir que puedan
detectarse analogías entre entidades. Por lo tanto el razonamiento analógico es una habilidad de dominio-general
muy poderosa que contribuye a la adquisición de este
tipo de palabras (Gentner, 1988; Gentner y Rattermann,
1991; Rattermann y Gentner, 1998).

Por el contrario, no hay individuación natural para los referentes de los verbos. Los significados verbales, incluso los bastante concretos (como los verbos de movimiento), no son claramente individualizables. La adquisición de este tipo de palabras se rige por un segundo principio: el de relatividad relacional, que indica que los verbos no pueden aprenderse a partir de la relación palabra-mundo por sí sola, sino que los niños tienen que descubrir cómo se combinan en su lengua particular los distintos significados. Para inferir el significado de las palabras relacionales, como por ejemplo verbos de movimiento, los hablantes deben utilizar el conocimiento de patrones semánticos específicos de su idioma (Cifuentes–Férez y Gentner, 2006; Gentner, 1982, 2006; Gentner y Boroditsky, 2001).

Figura 2: Posición de las teorías acerca de la adquisición de significados de palabras según dos ejes: innato vs. adquirido y social vs. individual

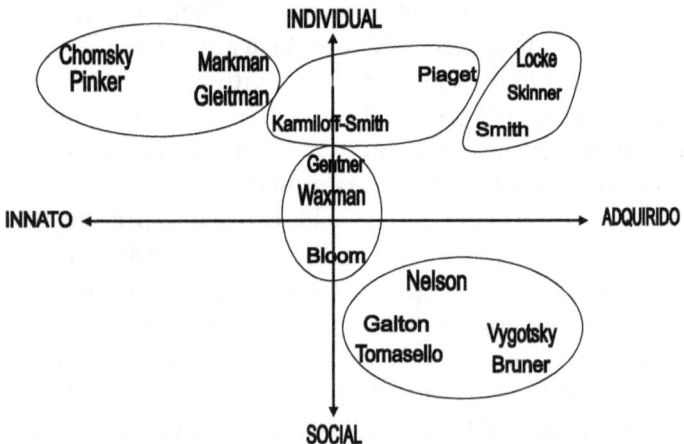

Fuente: elaboración propia

Perspectiva adoptada en este trabajo de investigación

En este libro se considera al aprendizaje de palabras como un proceso complejo y dinámico. En la adquisición de palabras entran en juego tanto capacidades cognitivas individuales de los niños como factores contextuales. Asimismo, se considera que lenguaje y categorización son procesos interrelacionados.

Es indudable que el niño llega al mundo preparado para adquirir el lenguaje. Sin embargo, un ser humano no podrá aprender palabras en solitario. Los niños son activos formadores de conceptos pero no pueden acceder a estos conocimientos por sí solos: requieren conocer cómo las palabras son usadas en su comunidad lingüística.

Se considera a los significados de las palabras como construcciones sociales y por lo tanto deben ser aprendidos en contextos sociales de uso (Nelson, 1996; Tomasello 2003). En este punto, la lectura de la intención es una habilidad fundacional para comprender la función referencial los símbolos lingüísticos. Sin embargo, esta capacidad se complementaría, dentro de cada dominio, con otro conjunto de habilidades específicas individuales. Por lo tanto, una ubicación ideal, y quizás un tanto utópica, en el gráfico planteado sería en el centro de los dos ejes (Figura 2).

Desde esta perspectiva, en relación con el aprendizaje del significado de las palabras, dos preguntas guiarán la presente investigación: ¿de qué manera impactan las características del *input* lingüístico en el aprendizaje de palabras? y ¿la información descriptiva que los niños reciben en la interacción con un adulto puede facilitar el aprendizaje de adjetivos?

El aprendizaje de distintos tipos de palabras: sustantivos y adjetivos

Dentro de una lengua existen diferentes clases de palabras (como por ejemplo, sustantivos, adjetivos y verbos) que pueden aplicarse a distintos fragmentos del mismo episodio. Cada tipo de palabra pone de relieve un aspecto de ese episodio (un objeto, una propiedad, un evento) y es compatible con un único patrón de extensión a otro episodio, en diferente tiempo o espacio (Arunachalam y Waxman, 2010; Waxman y Goswami 2012; Waxman y Lidz, 2006). A continuación se destacarán algunas investigaciones referidas a la adquisición de sustantivos y de adjetivos.

Sustantivos

La exploración en torno al aprendizaje del significado de sustantivos ha tenido un lugar privilegiado dentro de la filosofía, la psicología en general y más recientemente la psicología del desarrollo en particular. Durante años se ha pensado que el aprendizaje de este tipo de palabras podía contribuir a comprender de qué manera y mediante qué mecanismos los niños adquieren todo tipo de palabras. Más recientemente, a partir de la década de 1980, esta idea ha sido discutida y rebatida a partir de múltiples investigaciones que pusieron de relieve las diferencias que existen entre la adquisición de sustantivos y otras clases de palabras por parte de bebés y de niños pequeños (por ejemplo, Booth y Waxman, 2009; Gentner, 1981, 1982, 2006; Gentner y Boroditsky, 2009; Waxman y Booth, 2001, 2003).

La evidencia empírica indicaría que el niño comienza el arduo camino de la adquisición de las palabras

aprendiendo sustantivos y conectándolos con las categorías de objeto que representan (Arunachalam y
Waxman, 2010; Bloom, 2000, 2001; Booth y Waxman,
2009; Echols y Marti, 2004; Gentner, 1982; Gleitman,
1990; Tomasello, 2003; Pinker, 1987; Waxman y Booth,
2001, 2003; Waxman y Markow, 1998).

Una pregunta que se ha intentado responder dentro
de esta área de investigación es si este patrón de desarrollo es universal. Algunas indagaciones empíricas
ponen en cuestión la universalidad de la primacía del
aprendizaje de sustantivos en la adquisición de palabras.
De hecho, en algunas lenguas los verbos tienen más relevancia en el discurso que los sustantivos. Ejemplos de
estas lenguas podrían ser el coreano (por ejemplo, Choi,
1998, 2000; Choi and Gopnik, 1995), el chino mandarín
(por ejemplo: Tardif, 1996; Tardif, Shatz y Naigles, 1997).
En contraposición, otras investigaciones encontraron,
utilizando reportes maternos, frecuencia relativa de
sustantivos mayor a la de los verbos en el discurso de
los niños que adquieren diferentes idiomas como el
coreano (Au, Dapretto y Song, 1994; Kim, McGregor y
Thompson, 2000), japonés (Fernald y Morikawa, 1993), el
francés (Bassano, 2000; Waxman, Senghas y Benveniste,
1997), el italiano (Camaioni y Longobardi, 2001), el español (Waxman, Senghas y Benveniste, 1997) y el narvajo
(Gentner y Boroditsky, 2009). Podemos decir que, a pesar
de las controversias, no se han reportado casos en los
que el aprendizaje verbal anteceda al aprendizaje de los
sustantivos (Waxman y Lidz, 2006).

Una posible explicación a este orden evolutivo de
la adquisición de palabras radicaría en la capacidad
perceptual de identificar objetos en el mundo, los cuales
son denotados por sustantivos, antes que propiedades o

relaciones entre objetos (que se refieren por adjetivos y por verbos respectivamente). En esta línea se ubicarían la hipótesis del objeto completo de Markman (1987, 1989, 1990), la hipótesis de particiones naturales de Gentner (Cifuentes–Férez y Gentner, 2006; Gentner, 1982, 2006; Gentner y Boroditsky, 2001) y las investigaciones en torno al impacto del reconocimiento perceptual de objetos en el aprendizaje de sustantivos por parte de Smith y colaboradores (Jones y Smith, 1993; Smith, 2000, 2003, 2010; Yee, Jones y Smith, 2012).

Algunos autores, como Waxman, Tomasello y Bloom, opinan que este tipo de explicaciones deja por fuera el hecho de que los sustantivos, incluso los sustantivos concretos que predominan en el aprendizaje del léxico, no refieren a objetos individuales, sino que se extienden casi espontáneamente más allá de los individuos de los cuales se aprendió, ya que refieren a categorías de objeto. Esto significa que las palabras iniciales de los bebés apuntan a conceptos bastante abstractos y no a ordenados paquetes de conceptos preindividuales (Bloom 2000, 2001; Tomasello, 2003; Waxman y Lidz, 2006).

Por otro lado, se ha explicado el aprendizaje temprano de los sustantivos apelando a variables culturales o lingüísticas. En resumen, el argumento sostiene que la ventaja del sustantivo en el aprendizaje de palabras puede estar relacionada con factores culturales: los sustantivos con referentes concretos y fácilmente detectables son usualmente usados en situaciones pragmáticas simples, en las que los adultos comunican intenciones claramente (por ejemplo, en un episodio de atención conjunta donde un adulto señala un objeto y lo nombra). Desde esta perspectiva, los factores culturales trabajan en conjunto con otros factores acústicos, prosódicos, sintácticos que hacen a los sustantivos más salientes para el niño que otras formas gramaticales dentro del discurso (Gelman y Tardif, 1998; Lavin, Hall y Waxman, 2006; Tomasello, 2003).

Es importante destacar que ambas explicaciones no son necesariamente incompatibles ya que pueden ser complementarias. Los bebés se sirven de información perceptual para individualizar objetos de su entorno, pero esta individualización no puede explicar por sí sola el aprendizaje de sustantivos. Este aprendizaje se da en un contexto de interacción, en el cual, gracias a las características salientes de los referentes, los niños pueden detectar las relaciones entre el discurso y el mundo, y así comprender la intención comunicativa de otro hablante. Asimismo, los niños son sensibles a distintos tipos de palabras y atienden no sólo al nuevo objeto sino también a los elementos lingüísticos circundantes (Arunachalam y Waxman, 2010; Waxman y Lidz, 2006).

Dentro de las investigaciones que relacionan el desarrollo lingüístico y el conceptual se encuentran las exploraciones acerca del curso evolutivo de la categorización por parte de niños pequeños. En una serie de experimentos se indagó la capacidad de los niños de relacionar una palabra escuchada con categorías de objeto. Se llegó a la conclusión de que, incluso antes de que los bebés puedan pronunciar palabras, poseen expectativas acerca de la relación entre palabras y significado. Para los bebés de hasta 12 meses de edad, las palabras nuevas, tanto los sustantivos como los adjetivos, promueven la categorización guiados por las características de las categorías de objeto. Más tarde, los niños forman correspondencias más exactas entre los distintos tipos de palabras y de clases de conceptos.

Aproximadamente a los 14 meses asignan sustantivos específicamente a las categorías de objetos, mientras que la relación entre adjetivos y propiedades de objeto no es precisa (Arunachalam y Waxman, 2010; Booth y Waxman, 2009; Echols y Marti, 2004; Waxman y Booth, 2001 y 2003; Waxman y Lidz, 2006).

La capacidad de los niños de relacionar sustantivos específicamente con categorías de objeto a los 14 meses pone de manifiesto que la unión entre palabra y significado es más que una asociación superficial. A esta edad temprana los niños forman categorías basados en rasgos comunes superficiales, pero ya a los 16 meses de edad pueden focalizarse en características compartidas menos evidentes, como por ejemplo el funcionamiento o partes internas de un objeto. Adquirir un sustantivo nuevo otorga al niño una rica herramienta para el razonamiento y el aprendizaje acerca del mundo que lo rodea (Arunachalam y Waxman, 2010; Waxman y Lidz, 2006).

Por lo tanto, aprender sustantivos es más que aprender nombres de cosas. El aprendizaje de sustantivo involucra y apoya algunas de las capacidades más elementales lógicas y conceptuales de la mente humana, incluidos los procesos de individuación, la categorización de objetos y la inferencia inductiva. Poder organizar los objetos en categorías nos permite extender nuestro conocimiento de una manera sistemática y poderosa más allá de la experiencia inmediata. Dicho con otras palabras, una de las consecuencias más importantes de la categorización es que permite la inducción. Si descubrimos que ciertas propiedades (puede trepar un árbol) son verdaderas para cierto individuo (mi gato Hugo), podemos inferir que esta propiedad es también varadera para otros miembros de una categoría de objeto (gatos) (Arunachalam y Waxman, 2010; Waxman y Lidz, 2006).

Las palabras pueden impulsar tanto la categorización de objetos como su individuación. Cuando ciertos objetos (por ejemplo cuatro animales diferentes) se nombran utilizando diferentes palabras (por ejemplo "gato", "pato", "perro" y "loro"), a los niños pequeños les resulta difícil formar categorías. Proporcionar nombres distintos para cada individuo destaca las diferencias entre ellos y promueve el proceso de individualización del objeto (por ejemplo, Wilcox, 1999; Xu, 1999). En contraste, otorgar el mismo nombre para un conjunto de distintos objetos (por ejemplo, "animal") pone de relieve sus características comunes y apoya la formación de categorías de objetos (Graham, Kilbreath y Welder, 2004; Waxman y Braun, 2005).

Asimismo, se ha descubierto en los bebés y los niños de corta edad una fuerte tendencia a interpretar que un sustantivo nuevo (por ejemplo "gato"), aplicado a un objeto individual, se refiere a una categoría de objetos de nivel básico dentro de una jerarquía conceptual (por ejemplo, Hall y Waxman, 1993; Markman y Jaswal, 2004; Waxman, 1990). Las categorías de objeto de nivel básico tienen una gran fuerza inductiva. Bajo la mayoría de circunstancias, los niños preescolares tienen dificultad para clasificar objetos en nivel de orden superior (Gelman y Baillargeon, 1983; Waxman 1991). Esta tendencia no es una limitación de los bebés o los niños muy pequeños, sino que también está presente en los niños preescolares e incluso en los adultos (Diesendruck, 2003).

Sólo después de haber establecido un nombre para la categoría de nivel básico los niños pueden interpretar que los sustantivos nuevos se refieren a categorías de otros niveles jerárquicos de abstracción (por ejemplo "persa", "mamífero", "animal") o a individuos (por ejemplo Hugo). Esta prioridad para nombrar a los objetos en el nivel básico tiene la ventaja de reducir el rango de significados posibles de una palabra lo que facilita su aprendizaje (Diesendruck, Gelman y Lebowitz, 1998; Diesendruck y Shatz, 2001; Waxman y Hatch 1992; Waxman y Senghas, 1992).

En otro grupo de investigaciones se exploró el impacto de ciertas características lingüísticas, como la sintaxis y los detalles fonológicos, en el aprendizaje de sustantivos. Goodman y colaboradores (Goodman, McDonough y Brown, 1998) encontraron que los niños de dos años de edad descubrían el significado de nuevos sustantivos basados en la semántica y la sintaxis de sus relaciones con palabras conocidas dentro de la misma oración. Namy y Waxman (2000) establecieron que a los 17 meses de edad asignar una palabra nueva a una categoría era más sencillo cuando se le presentaba a los niños en el contexto de una frase. Asimismo, cuando se proporciona con claridad referencial en un contexto sintáctico, a los 14 meses de edad, los niños son capaces de utilizar detalles fonéticos muy finos (por ejemplo, la diferenciar entre "din" y "bin") para formar categorías con nuevos objetos (Fennell y Waxman 2010; Fennell, Waxman y Weisleder, 2007; Fennell y Werker, 2003; Werker y Fennell, 2004).

En síntesis, incluso antes de producir palabras por su cuenta, los niños son sensibles a las relaciones entre palabras y conceptos. Durante el primer año de vida mapean tipos de palabras (sustantivos, adjetivos, verbos) con tipos de conceptos (categorías de objeto, propiedades de objeto, relaciones entre objetos). Es claro que los sustantivos no son el caso paradigmático del aprendizaje de palabras y su trayectoria evolutiva, y los requerimientos informacionales para su adquisición difieren marcadamente de los de la mayoría de las otras categorías gramaticales. Sin embargo, la adquisición de sustantivos posibilita al niño construir una estructura sintáctica elemental que contribuye a la identificación de otras categorías gramaticales (Arunachalam y Waxman, 2010; Waxman y Lidz, 2006).

Adjetivos

El interés empírico en torno al aprendizaje de adjetivos ha reflotado en los últimos años. Numerosas investigaciones se han centrado en explorar el aprendizaje de adjetivos que denotan colores y texturas. Las evidencias han puesto de relieve dos fenómenos importantes. Por un lado, la adquisición de este tipo de palabras es posterior en la ontogenia al aprendizaje de sustantivos. Asimismo, estudios transculturales han reflejado diferencias en los mecanismos y en los tiempos de adquisición de adjetivos en diferentes lenguas. Ambos descubrimientos podrían explicarse, al menos en parte, debido al gran impacto de variables lingüísticas y contextuales en la adquisición de adjetivos. De hecho, para aprender adjetivos los niños deben poner atención no sólo a la relación de la palabra con la escena percibida, sino también a elementos lingüísticos en la oración, y deben distinguir diferentes formas gramaticales (Arunachalam y Waxman, 2010; Waxman y Lidz, 2006).

Los adjetivos están presentes en el discurso que los adultos dirigen a los bebés y los niños. Si bien los pequeños pueden detectar muchas propiedades que son denotadas por adjetivos –por ejemplo, texturas, colores o temperatura–, no consideran a esos conceptos como primeros candidatos para el significado de las palabras. Cuando se le presenta un nuevo adjetivo ("naranja") en el contexto de un objeto novedoso ("un gato naranja"), los lactantes y los niños pequeños tienden a interpretar ese adjetivo como nombre para la categoría de objeto (por ejemplo "gato") en lugar de una propiedad (por ejemplo su color). Este fenómeno ha sido documentado en niños de hasta 3 años de edad (Hall y Lavin, 2004; Markman y Jaswal, 2004). Aunque hay indicios que sugieren que los infantes de tan sólo 14 meses han comenzado a unir adjetivos con propiedades de los objetos, la primera evidencia empírica señala que este fenómeno se alcanza a los 21 meses de edad. Asimismo, cerca del final del segundo año de vida los niños comienzan a producir adjetivos por su cuenta (Waxman y Markow, 1998).

Waxman y Booth han realizado múltiples inves-tigaciones en las cuales exploran el establecimiento temprano de relaciones entre adjetivos y propiedades de objeto (2001, 2003; Booth y Waxman, 2009). Estas au-toras compararon la *performance* de bebés de 14 meses de edad al aprender por un lado categorías de objeto vs. colores de objetos y, por otro lado, categoría de objeto vs. texturas de objetos. Los bebés que escuchaban sustanti-vos pudieron categorizar basándose en rasgos comunes de la categoría de objeto. Los niños que debían conectar un adjetivo con una propiedad de objeto (ya sea un color o una textura) mostraron un patrón más general: agrupaban objetos guiados tanto por características de las propiedades como por los rasgos de las categorías de objeto. Los niños de 18 meses mostraron un patrón similar (Booth y Waxman, 2009).

Un tema de investigación recurrente en esta área indaga cómo es afectada la posibilidad de relacionar un adjetivo con su significado por las características de los sustantivos a los cuales modifican (Graff, 2000; Kennedy, 1999; Kennedy y McNally, 2005; Rotstein y Winter, 2004). Por ejemplo, si se les presentan objetos familiares (objetos para los cuales ya han adquirido un sustantivo), los pequeños de 4 años fácilmente mapean adjetivos nuevos para las propiedades del objeto en lugar de para las categorías. Es decir, la interpretación de los niños de un adjetivo nuevo varía en función de la familiaridad del sustantivo al que modifica. A los dos años de edad los niños no mostraban una facilitación por la familiaridad del objeto. Estos autores interpretaron que los niños de dos años no se podían ayudar con esta pista porque no estaban familiarizados con la sintaxis de su lengua (Hall y Waxman 1993; Hall, Waxman y Hurwitz, 1993).

En este marco también se ha investigado la tendencia de los bebés y los niños de extender un adjetivo aprendido dentro de la misma categoría de nivel básico. Waxman y Markow (1998) realizaron una investigación con niños de 21 meses de edad. A esta edad los participantes mostraron una capacidad de unir una propiedad de objeto con un adjetivo pero mostraron una importante limitación. Cuando los objetos que compartían la propiedad pertenecían a la misma categoría básica familiar (por ejemplo, todos eran serpientes), los niños extendían exitosamente el nuevo adjetivo específicamente a la propiedad. Esto indicaría que podían distinguir adjetivos de sustantivos y mapear los adjetivos en función de la propiedad de objeto. En contraste, cuando el objeto con la propiedad (por ejemplo "perro") y los objetos del test (por ejemplo "serpientes") pertenecían a diferentes categorías de nivel básico, los niños no podían realizar el mapeo exitosamente. El impacto de las categorías de nivel básico no es un sesgo presente sólo en los bebés. Se ha documentado un mismo sesgo en la *performance* de los niños de 3 años en pruebas de palabra extendida (Hall y Lavin, 2004; Klibanoff y Waxman, 2000; Markman y Jaswal, 2004), en adultos (Allopenna, Magnosun y Tenenhaus, 1998; Halff, Ortony y Anderson, 1976; Medin y Shoben, 1988; Pechmann y Deutsch, 1982) y en modelos conexionistas (Gasser y Smith, 1998).

El impacto de las características del sustantivo al que modifica un adjetivo en la comprensión referencial de este último parecería indicar que la adquisición de esta forma gramatical se basa en la previa adquisición de (al menos algunos) sustantivos (Mintz y Gleitman, 2002; Waxman y Klibanoff, 2000). El aprendizaje temprano del sustantivo serviría como puerta de entrada para la adquisición de los adjetivos.

A pesar de las limitaciones antes mencionadas los niños y los adultos aprenden a extender un adjetivo determinado a objetos muy diferentes entre sí. Por ejemplo podemos aplicar el adjetivo "verde" a un árbol, a una rana, a una manzana o a una camisa, y el adjetivo "frío" a un helado, a la nieve, al viento o al agua. ¿Cómo aprenden los niños nuevos adjetivos? ¿Cómo logran extenderlos más allá de las categorías de nivel básico? La evidencia sugiere que para realizar esta tarea, los niños integran información de una amplia variedad de fuentes, incluyendo las señales cognitivas, pragmáticas y lingüísticas (Waxman y Lidz, 2006).

Algunos procesos cognitivos generales juegan un papel decisivo en el descubrimiento de las relaciones entre adjetivos y propiedades de objeto. La detección de analogías ha demostrado tener un gran impacto el establecimiento de relaciones entre palabras que refieren a partes de objeto, y no a un objeto completo (Gentner y Namy, 2006; Gentner, Loewenstein y Hung, 2007). El proceso de comparación puede ayudar también a niños preescolares a extender adjetivos más allá de categorías de nivel básico. Klibanoff y Waxman (2000) encontraron que cuando, en una prueba experimental los niños de tres años, se les presentaba primero un patrón de extensión hacia objetos de la misma categorías de nivel básico, luego, en una segunda elección, podían extender el adjetivo más allá de este primer escalón conceptual gracias a la comparación entre las entidades presentadas. Se comprobó que las madres dan información comparativa cuando enseñan a los niños el significado de los adjetivos (Hall, Burns y Pawluski, 2003; Manders y Hall, 2002).

Pistas pragmáticas también facilitan el mapeo de adjetivos con propiedades de objeto. Cuando se introduce una nueva palabra diciendo "esto es daxy", esta frase es ambigua porque "daxy" puede ser un sustantivo propio, un sustantivo común o un adjetivo. Los niños pueden resolver este dilema poniendo atención a la cantidad de objetos a los cuales se les aplica la palabra. Si se trata de un sustantivo propio existirá sólo un objeto al cual se aplica la etiqueta, si se trata de un adjetivo la etiqueta se aplicará a múltiples y diversos ejemplares (Hall y Belanger, 2001; Hall y Lavin, 2004; Haryu y Imai, 2002; Imai y Haryu, 2004).

Finalmente, factores lingüísticos también impactan en el establecimiento de la relación entre adjetivo y propiedad de objeto. En este campo se exploró el rol de la sintaxis en el aprendizaje de palabras. La sintaxis proporciona una señal que el aprendiz de una lengua puede utilizar para inferir el significado de una palabra. Distinguir diferentes formas gramaticales pone de relieve distintos tipos de significados y al mismo tiempo diferentes significados conducen a diferentes sintaxis (Waxman y Lidz, 2006).

Mintz y Gleitman (2002) notaron que en construcciones de la lengua inglesa como "this is a blickish one", el término "one" refiere a una categoría de objeto inespecífica. En tareas experimentales este término se aplica típicamente a una sola persona (por ejemplo, el perro). Estas construcciones probablemente apoyen la extensión del nuevo adjetivo dentro, y no más allá, de una categoría inespecífica de nivel básico. Estos autores reemplazaron el sujeto inespecífico por un sustantivo específico (por ejemplo "This is a blickish dog"), sugiriendo que este reemplazo podía ayudar a los niños de dos años a ampliar el rango de extensión del adjetivos. Los participantes lograban la extensión más allá de la categoría de nivel básico cuando se usaban los adjetivos en contextos referenciales ricos, en frases nominales completas y no en relación con pronombres.

Investigaciones transculturales, que comparan el aprendizaje de adjetivos en niños que adquieren diferentes lenguas como inglés, francés, italiano y español, han arribado a resultados interesantes. Los hablantes de inglés y de francés reconocen un adjetivo gracias a la estructura de la frase, en la cual siempre hay alusión al sujeto al cual éste modifica (por ejemplo, en inglés: "this is a blue cup", "this is a blue one"). En italiano o en español, a pesar de que el sustantivo referente es a veces identificable en el contexto (por ejemplo "taza"), no es obligatorio que aparezca en la frase, dejando al determinante y al adjetivo solo (por ejemplo, "esto es azul"). En estos idiomas, italiano y español, existe un tipo de construcción gramatical denominada det-A, en la cual puede incluirse un adjetivo desprovisto del sujeto al que modifica. Los adjetivos en estas construcciones aparecen en contextos sintácticos aparentemente idénticos a los contextos en los cuales los sustantivos suelen aparecer. Las construcciones gramaticales ambiguas pueden dificultar el establecimiento de relaciones referenciales entre adjetivos y propiedades de objeto (Gathercole y Min, 1997; MacWhinney y Snow, 1990; Waxman y Guasti, 2009; Waxman *et al.,* 1997).

En suma, en el discurso cotidiano con el que tienen contacto los niños escuchan gran cantidad de adjetivos que denotan, por ejemplo, colores, texturas, tamaños y temperaturas. Sin embargo, poder relacionar un adjetivo con una propiedad de objeto es un desafío para los bebés. La comprensión referencial de adjetivos emerge más tarde en la vida de los niños que la de los sustantivos, debido a una prioridad conceptual y lingüística. Las categorías de nivel básico sirven como punto de entrada para el aprendizaje de significados de un adjetivo. Si el discurso dirigido al niño se enriquece con claves pragmáticas, conceptuales o lingüísticas, los bebés y los niños pueden ir más allá de este punto de entrada para extender adjetivos ampliamente y apropiadamente a través distintos niveles de categorías.

CAPÍTULO VI
EL APRENDIZAJE DE UN SUSTANTIVO MEDIANTE UN LIBRO DE IMÁGENES

El propósito de la serie de estudios que se presentan en este apartado fue explorar la comprensión de la función de referencia de imágenes y palabras que remiten a categorías de objeto por parte de niños pequeños. En los estudios que la componen se manipularon dos variables. La primera fue la edad de los participantes: se conformaron grupos de 30 meses (dos años y medio), de 36 meses (tres años) y de adultos. La segunda variable independiente fue la similitud perceptual entre el símbolo y el referente: los participantes trabajaron con fotografías, imágenes realistas con gran parecido perceptual con sus referentes, o con bocetos, dibujos sin detalles con poco parecido perceptual con sus referentes. Agrupamos a los sujetos en grupos de 17 participantes tomando como criterio estas variables (Cuadro 1).

Cuadro 1: Estudios que conforman este capítulo

	MEDIO SIMBÓLICO	EDAD
Aprendiendo un sustantivo mediante una fotografía	Fotografías	30 meses
		36 meses
		Adultos
Aprendiendo un sustantivo mediante un boceto	Bocetos	30 Meses
		36 Meses
		Adultos
Comparando el aprendizaje con fotografías y con bocetos	Fotografías	30 meses
	Bocetos	

En los estudios que componen esta investigación se adaptaron los procedimientos diseñados por Ganea y colaboradores (2008, 2009): los participantes asistían a una sesión de enseñanza de palabra mediante un libro de imágenes. A continuación, debían resolver cuatro pruebas. Todas ellas consistían en elegir entre dos opciones presentadas por la experimentadora. Las tareas diseñadas eran de elección forzada y de palabra extendida. La tarea de palabra extendida consiste en solicitarle al participante, luego de enseñarle una palabra nueva que refería a un ejemplar de un concepto, que extendiera dicha palabra a otros ejemplares potenciales del concepto (Gentner y Namy, 1999). La tarea de elección forzada se basa en otorgarles de antemano a los participantes un conjunto de alternativas posibles entre las cuales tienen que elegir una opción (Smiley y Brown, 1979).

La primera tarea consistía en presentarle una imagen y su objeto para que el participante escogiera entre ellos. El objetivo es evaluar si algunas de las dos posibilidades, imagen u objeto, es relacionada más fácilmente con la palabra aprendida. Esta tarea fue diseñada por Preissler y Carey (2004), quienes afirmaron que si el niño comprendía la función referencial de palabras y de imágenes elegiría al objeto real. Una segunda tarea se diseñó como control de la prueba anterior. En este caso se presentaba la imagen del objeto nombrado en la interacción y un objeto sin nombre. La idea era probar que los participantes no escogieran el objeto concreto sólo porque les parece más atractivo.

Por otro lado se incluyeron dos tareas que tenían como objetivo evaluar la posibilidad de transferir esa palabra aprendida a objetos concretos. En la prueba de extensión se evaluaba si los participantes podían reconocer al objeto real reflejado en las imágenes. En la prueba de generalización se evaluaba la posibilidad de extender esta nueva palabra a otros ejemplares de la misma categoría. Cabe aclarar que en este caso la generalización sería lo que algunos autores han llamado "extensión" (Arunachalam y Waxman, 2010; Waxman y Gelman, 2009; Waxman y Goswami, 2012; Waxman y Leddon, 2011; Waxman y Lidz, 2006).

Las respuestas de los participantes fueron volcadas a un protocolo para su análisis. Para registrar los datos se siguieron los criterios utilizados por Preissler y Carey (2004) y por Ganea y colaboradores (Ganea *et al.*, 2009). La variable dependiente sobre la que se realizaron los análisis estadísticos fue la primera elección del participante. Se tomaron en cuenta sólo las respuestas intencionales. Es decir, el niño debía tomar o señalar el objeto o imagen elegidos dirigiéndose a la experimentadora. Las variables dependientes fueron estructuradas como variables nominales dicotómicas. El análisis principal de los resultados consistió en explorar las respuestas de los participantes por tareas y comparar laejecución entre distintas condiciones experimentales y por edades.

Primero, se analizaron las respuestas de los participantes contra el azar en las pruebas. Para llevar a cabo este análisis se utilizó la prueba Chi2 Bondad de Ajuste. A continuación, se compararon los grupos, por edad o condición experimental según el estudio, mediante la prueba Exacta de Fisher. Se optó por esta estrategia de análisis debido a que esta prueba no paramétrica fue diseñada para analizar datos discretos (nominal u ordinales), específicamente para la comparación de variables dicotómicas, que al volcarse en una tabla de contingencia dan por resultado tablas 2x2. Asimismo, otro requisito para utilizar esta prueba es que las muestras sean pequeñas, específicamente menores a veinte. En este caso, las variables comparadas eran dicotómicas y los grupos experimentales estaban constituidos por diecisiete participantes. Por último, en los casos en los que la comparación de grupos arrojó diferencias significativas, se estableció el grado de asociación utilizando el Coeficiente Phi, prueba especialmente diseñada para analizar la vinculación de variables dicotómicas. Todos los análisis se realizaron utilizando el programa estadístico SPSS® versión 20.

Aprendiendo un sustantivo mediante una fotografía

En este estudio se exploró la comprensión referencial de fotografías y el aprendizaje de una palabra, "*pompe*", a través de este medio. Se conformaron tres grupos de diecisiete participantes en función de la edad: 30 meses, 36 meses y adultos. Se evaluó la *performance* de cada uno de los grupos en cada prueba y se comparó esta ejecución por edad. Asimismo, se evaluó si los niños podían transferir la palabra aprendida a otro ejemplar de la misma categoría de objeto.

Se esperó que los sujetos participantes mostraran respuestas referenciales; aprendieran palabras nuevas que remitan a categorías de objeto y lograran transferir ese aprendizaje a otro ejemplar.

En este estudio participaron 34 niños: 17 niños (9 niñas, 8 niños) de 30 meses de edad (*M:* 31 meses), 17 niños (8 niñas y 9 niños) de 36 meses de edad (*M*: 35,76 meses); y 17 adultos de 20 a 35 años de edad (9 mujeres y 8 varones) (*M:* 24 años). Se diseñaron dos órdenes de presentación de estímulos asignando equitativamente a los participantes a cada uno de ellos.

A continuación se detallarán los materiales utilizados:

Imágenes: un libro de imágenes que contenía catorce fotografías a color (11x11 cm). El libro fue construido como un álbum de tal modo que las imágenes pudieron ser extraídas y colocadas en lugares diferentes para variar su orden de presentación. Se establecieron dos órdenes de presentación de las imágenes contenidas en el libro. Ocho de las imágenes representaban a uno de los dos objetos desconocidos (cuatro a un objeto y las otras cuatro al otro). Los objetos desconocidos fueron construidos especialmente para esta investigación tomando como base artefactos ya existentes (piezas de motores de automóviles), que fueron modificados y pintados. Uno de estos objetos, el objeto-meta, fue relacionado con la etiqueta nueva en la fase de entrenamiento y se trataba un objeto rojo; el otro funcionó como distractor y era un objeto verde. El distractor sirvió como control para evitar que los niños relacionaran la palabra enseñada con el objeto novedoso por descarte, al reconocer las etiquetas verbales de los objetos familiares representados. Las restantes seis imágenes eran de objetos familiares (auto de juguete, pelota, anteojos de juguete, manzana, perro de peluche y flor). Además, se utilizaron cuatro fotografías sueltas, no contenidas en el álbum de fotografías: el objeto-meta, el objeto distractor, la manzana y el perro de peluche.

El libro tenía siete páginas. En las seis primeras se exhibían dos imágenes, una de ellas representaba a uno de los objetos nuevos (o bien el objeto-meta o bien el objeto distractor en forma alternada) y la otra uno de los objetos familiares (por ejemplo, pelota), variando la localización (derecha-izquierda). En la última página de cada libro se ubicaron las imágenes de los dos objetos nuevos, el objeto-meta y el objeto distractor. Cada objeto familiar aparecía una vez en el libro, mientras que el objeto-meta y el objeto distractor aparecían en cuatro oportunidades cada uno (Figura 3)

Figura 3: Libros con imágenes utilizados en la fase de entrenamiento

Objetos: dos objetos novedosos, cuyas fotografías estaban presentes en el libro de imágenes (objeto-meta rojo, objeto distractor verde) y un nuevo ejemplar del objeto-meta que tenía la misma forma pero diferente color, era azul.

Se desarrollaron los siguientes procedimientos:

Todas las observaciones fueron individuales. En el caso de los niños se realizaron en una sala disponible del jardín maternal o jardín de infantes al que acudían. En el caso de los adultos se realizaron en las facultades a las que asistían o en los lugares de trabajo u otros sitios que frecuentaban. Se describe a continuación el procedimiento completo de los niños. Para los adultos se utilizó un procedimiento homólogo (Cuadro 2).

Cuadro 2: Comparación de los procedimientos en los grupos de niños y grupos de adultos.

NIÑOS	ADULTOS
INTRODUCCIÓN Éste es Jack, a él le encanta dibujar/ tomar fotografías (según la condición). Tiene muchos juguetes, les sacó fotos/los dibujó (según la condición) y los puso en este libro, ¿lo vemos?	**INTRODUCCIÓN** Te voy a mostrar un libro que contiene dibujos/fotos (según la condición), tomadas/dibujados especialmente por mí, de diferentes objetos que utilizamos para este estudio.
ENTRENAMIENTO Ante un objeto familiar: Mirá la pelota. Ante el objeto meta: Mirá el *pompe*. Éste es un juguete que Jack mismo inventó. ¿Viste el *pompe*? Aquí está el *pompe*. Ante el objeto distractor: Mirá esto, es otro juguete que Jack inventó, ¿lo ves?	**ENTRENAMIENTO** Ante un objeto familiar: Mirá la pelota. Ante el objeto meta: Mirá el *pompe*. Éste es un objeto que no existe en la realidad, nosotros creamos este objeto especialmente para este estudio. ¿Viste el *pompe*? Aquí está el *pompe*. Ante el objeto distractor: Mirá esto, es otro objeto que creamos para este estudio, ¿lo ves?
PRESENTACIÓN DE LOS OBJETOS Jack quiere mostrarte sus juguetes. (Retirándolos de la bolsa.) Éstos son los juguetes preferidos de Jack, ¿viste qué lindos?	**PRESENTACIÓN DE LOS OBJETOS** Ahora voy a mostrarte los objetos que creamos para estos estudios. (Retirándolos de la bolsa.) Estos son los objetos.
Jack tiene más cosas que mostrarte. Pregunta en todas las pruebas: ¿Cuál de estos es un *pompe*? IMAGEN-OBJETO CONTROL EXTENSIÓN GENERALIZACIÓN	Ahora te voy a mostrar una serie de objetos e imágenes y te voy a hacer algunas preguntas. Pregunta en todas las pruebas: ¿Cuál de estos es un *pompe*? IMAGEN-OBJETO CONTROL EXTENSIÓN GENERALIZACIÓN

Primero el experimentador mostraba el muñeco (Jack) diciendo: "Éste es Jack, a él le encanta tomar fotografías de todos sus juguetes. Tiene un libro lleno de fotos, ¿lo vemos?". El procedimiento completo constó de cuatro fases:

- Fase de entrenamiento. Se enseñó al niño una palabra nueva (*"pompe"*) apareando la etiqueta con la imagen del objeto novedoso. La experimentadora mostraba al niño el libro de imágenes: a los objetos familiares los nombraba una vez (ej.: Mirá la pelota), mientras que al objeto-meta lo nombraba tres veces (ej.: Mirá el *pompe*, este es un juguete que Jack inventó ¿viste el *pompe*?, aquí está el *pompe*), al objeto distractor lo señalaba pero no les atribuía ningún nombre (ej.: Mirá esto, es otro juguete que Jack inventó, ¿lo ves?).

- Fase de familiarización. Se intentó familiarizar al niño con el tipo de preguntas que se le formularían en la fase de prueba. Se le presentaron dos imágenes de objetos familiares (utilizadas en la fase de entrenamiento) y se le pidió que señalara una de ellas (ej.: Mostrame la pelota). Se felicitaba al niño si la respuesta era correcta y se lo corregía si era incorrecta.

- Fase de presentación de los objetos. La experimentadora mostraba al niño los objetos nuevos (meta y distractor) para evitar que la elección del objeto en la fase de prueba fuera simplemente por la novedad.

- Fase de prueba. En esta fase los participantes realizaron cuatro elecciones sucesivas respondiendo a la misma pregunta: ¿Cuál de estos es un *pompe*?

1) *Imagen-objeto*. Elección entre la imagen del objeto-meta (rojo), exactamente igual a la imagen que aparecía en el libro, y el objeto-meta real (rojo). Mediante esta tarea se exploró la comprensión de los niños de la función de referencia de las palabras y las imágenes, estudiando si el objeto real es igual,

más o menos aceptable como referente para una palabra nueva que su imagen.

Figura 4: Opciones presentadas en la tarea imagen-objeto. Foto y objeto real en color rojo.

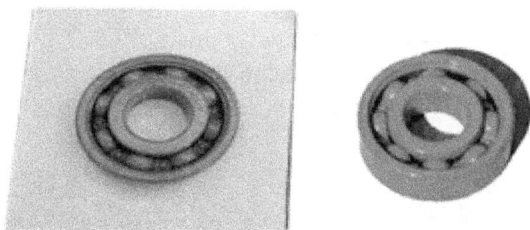

2) *Prueba de control.* Elección entre la imagen del objeto-meta (rojo) y el objeto distractor real (verde). En esta etapa se exploró si el niño tiene una preferencia para elegir un objeto tridimensional sobre una imagen sin importar si esta fue apareada o no con la etiqueta en la fase de entrenamiento.

Figura 5: Opciones presentadas en la prueba de control. Imagen del objeto-meta rojo y objeto distractor verde

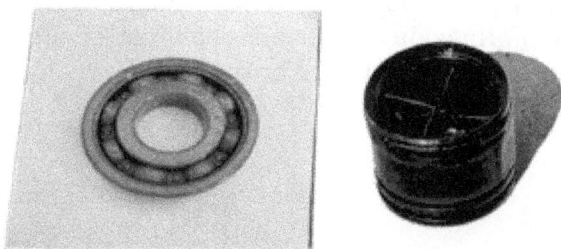

3) *Extensión*. Elección entre objeto-meta (rojo) y distractor (verde). Ambos objetos presentaban los mismos colores que sus fotografías presentes en el libro
   de imágenes. Esta tarea evaluó la habilidad de los
   niños para transferir el aprendizaje realizado con
   una imagen a su referente.

**Figura 6: Opciones presentadas en la tarea de
extensión. Objeto-meta rojo y distractor verde.**

4) *Generalización*. Elección entre un nuevo ejemplar
   del objeto-meta (un objeto con la misma forma pero
   de distinto color, azul) y el objeto distractor (verde).
   En este caso, el objeto-meta cambió de color pero
   el objeto distractor conservó su color original. Esta
   tarea buscó conocer si el niño era capaz de transferir
   la información relacionada con un objeto determinado (un sustantivo) a otro ejemplar.

Figura 7: Opciones presentadas en la tarea de generalización. Objeto distractor verde y objeto-meta azul.

Primero, se analizó la ejecución de los participantes por prueba dentro de cada uno de los tres grupos de edad: 30 meses, 36 meses y adultos. También se comparó la *performance* entre grupos de edades en cada una de las pruebas.

Prueba imagen-objeto

En esta prueba los participantes debían elegir entre el *pompe* real o su imagen. En el grupo de 30 meses, la ejecución de los participantes fue al azar, X^2 $(1,N=17)=$ .059,$p>$ .05r. En decir, los niños de este grupo señalaron en igual medida la imagen (8 niños, 47%) o el objeto (9 niños, 53%). En el grupo de 36 meses, la elección también fue al azar: 9 niños (53%) seleccionaron la imagen y 8 (47%) indicaron por el objeto, X^2 $(1,N=17)=$ .059,$p>$ .05. En cuanto al grupo de adultos, 5 participantes (30%) prefirieron la imagen, 8 (47%) escogieron el objeto y 4 (24%) optaron ambas opciones, elecciones que no superaron los niveles del azar, X^2 $(2,N=17)=1.52,p>$ .05. En el caso de los adultos, luego se agruparon las elecciones del objeto, solo o acompañado por la imagen (12, 70%), y se compararon con las elecciones de la imagen en solitario (5, 30%). Esta *performance* tampoco superó los niveles del azar, X^2 $(1, N=17) = 2.88, p > .05$

Gráfico 1: Porcentaje elecciones en cada grupo de edad.

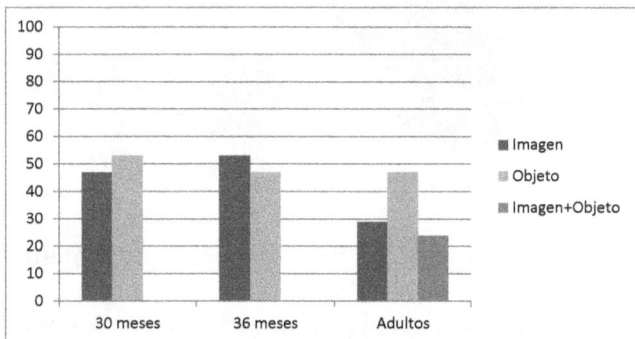

No se encontraron diferencias estadísticamente significativas entre los grupos de 30 meses y de 36 meses, ni entre los grupos de niños agrupados, 30 meses y 36 meses, en comparación con los adultos, utilizando la prueba exacta de Fisher (p > .05).

Los resultados encontrados muestran que tanto adultos como niños eligieron indistintamente la imagen o el objeto en esta prueba. Para Preissler y Carey la elección del objeto real era crucial, ya que indica una comprensión referencial de la palabra aprendida. Por su parte, Ganea y colaboradores (Ganea, *et al.*, 2009), al replicar la tarea pero utilizando en la fase de entrenamiento un libro de imágenes, encontraron que los participantes, no prefirieron el objeto real sobre la imagen, por lo que sus hallazgos no concordaron con los reportados por Preissler y Carey (2004).

Los datos hallados en el presente estudio reflejan que la palabra aprendida fue relacionada tanto con la imagen utilizada en el entrenamiento, como con el objeto real. La hipótesis que aquí se sostiene es que, para los participantes, ambas opciones son válidas para atribuirles el nombre aprendido. Es posible que esta elección haya sido facilitada por la iconicidad de la imagen utilizada, la cual compartía múltiples atributos perceptuales con el objeto real en ella representado.

Es posible que las diferencias encontradas entre la investigación de Preissler y Carey (2004) por un lado y el presente estudio junto con los trabajos de Ganea y colaboradores (2009) por el otro se deban al tipo de tarea empleada para lograr el aprendizaje de la palabra. En la presente investigación se siguió el procedimiento diseñado por Ganea y colaboradores, una interacción con un libro de imágenes. En ese contexto de interacción, muy común para los niños pequeños, se presentaban varias imágenes de objetos familiares y todos ellos eran nombrados, junto a la palabra nueva. Por el contrario, la metodología de Preissler y Carey (2004) se trataba de un entrenamiento exhaustivo, en el cual la palabra era presentada junto con la imagen en múltiples ocasiones, sin la presencia de otras imágenes. Este tipo de sesiones de entrenamiento no son usuales en la vida cotidiana de los niños, por lo tanto el procedimiento diseñado por Ganea y colaboradores (2008, 2009, 2011) y el utilizado en la presente investigación tendrían más validez ecológica.

Por otro lado, se puede destacar que mientras que para los niños no constituyó un gran problema la tarea, los adultos se mostraron intrigados y realizaban múltiples preguntas acerca de la tarea. Los dichos de los participantes adultos reflejan las elucubraciones para llegar a una solución para este dilema, que, al ser tan simple, parecía complejo. Por ejemplo, un participante de 20 años reflexionaba: "El *pompe* era la imagen de este objeto pintado de rojo, ustedes nombraron como *pompe* a la foto. Entonces sería éste [señalando la foto]... pero en realidad ustedes deben haber nombrado primero al objeto y después le sacaron una foto supongo. Bueno... entonces éste [señalando el objeto]". Estas dudas manifestadas en el desarrollo de la tarea podrían indicar que para los participantes cualquier opción, fotografía u objeto real, es válida para ser relacionada con la palabra aprendida. Si las dos entidades son *pompes*, "¿por qué debo elegir una de ellas? ¿Cuál es la trampa que se esconde detrás de la consigna?"

Prueba de control

En esta oportunidad los participantes elegían entre el objeto distractor real y la imagen del *pompe*. La mayoría de los participantes inclinaron su elección por la imagen, y esta preferencia no fue al azar los tres grupos: en el grupo de 30 meses 13 (76%) participantes, X^2 $(1,N=17)= 4.06, p < .05$; en el grupo de 36 meses 14 (82%), X^2 $(1,N=17)= 7.11, p < .01$, y en el grupo de adultos 17 (100%).

Esta prueba fue constituida como un control de la prueba imagen-objeto. Se trataba de discernir si los niños que elegían el objeto real en la prueba no lo hacían sólo porque el objeto real les resultaba más atractivo, sin importarles si se relacionaba con la palabra *pompe* de la fase de entrenamiento. De acuerdo con los resultados presentados en la prueba imagen-objeto, en los cuales los sujetos no mostraron preferencia hacia el objeto real, la prueba perdió el sentido original por la fue diseñada.

Sin embargo, es posible sostener que tanto los niños como los adultos recordaban claramente cuál era el *pompe*, al elegir su imagen. Por lo tanto, las elecciones aleatorias presentadas en la prueba anterior, en la cual los participantes optaban de igual forma por la imagen o el objeto, no podrían atribuirse a confusión, elección por descarte o imposibilidad de detectar o recordar cuál objeto fue denominado *pompe*.

Prueba de extensión

En esta ocasión los participantes tenían que optar entre el *pompe* real y el objeto distractor. Todos los grupos de participantes mostraron preferencias no atribuibles al azar por el objeto-meta, es decir por el *pompe* concreto: grupo de 30 meses, X^2 (1,N=17)= 9.76,$p<$ .01; grupo de 36 meses, X^2 (1,N=17)= 13.23,$p<$ .01; y grupo de adultos (100%).

Esta prueba deja en claro que los niños pequeños pueden extender el nombre aprendido con una imagen a su objeto referente. Es decir, pueden establecer conexiones entre la imagen y el objeto representado. Sin embargo, puede pensarse que esta elección es fruto de habilidades de reconocimiento presentes incluso en bebés muy pequeños (por ejemplo: Barra y Maurer, 1981; DeLoache *et al.*, 1979; Dirks y Gibson, 1977; Hochberg y Brooks, 1962). En otras palabras, podría estar implicado aquí un proceso de detección de similitudes superficiales entre la representación y un objeto concreto (Ittelson, 1996). Por lo tanto, las elecciones en la prueba de *generalización* son cruciales para determinar si los niños aprendieron de manera referencial, y no meramente asociativa, la palabra *pompe*.

Prueba de generalización

En esta tarea los participantes elegían entre otro ejemplar del *pompe*, con la misma forma pero de otro color, y el objeto distractor. La ejecución de los participantes superó los niveles del azar en los tres grupos. En el grupo de 30 meses el 76% de los participantes eligieron el nuevo objeto-meta, X^2 (1,N=17)= 4.76,$p<$ .05. En el grupo de 36 meses el 94% de los niños generalizaron el sustantivo y lo aplicaron a otro ejemplar, X^2 (1,N=17)= 13.23,$p<$ .01. El 100% de los adultos logró la generalización.

En este trabajo se considera que las imágenes utilizadas para el aprendizaje del sustantivo serían representaciones genéricas (DeLoache y Burns, 1993, 1994). Es decir, que las imágenes que aparecen en el libro, por ejemplo la imagen de la pelota o de la manzana, no representan a una pelota o una manzana en particular, sino que representan a diferentes categorías de objeto. El sustantivo también remite a esta categoría de objeto. Ambos símbolos, palabra e imagen, tienen el mismo referente: una categoría de objeto.

Los dichos de los adultos reflejan una comprensión referencial en este sentido. Por ejemplo, un participante de 21 años manifiesta: "hay que ver... porque el concepto de *pompe* incluía la forma del objeto, que es igual a éste. Y también incluía el color rojo. Hay que ver si el color es esencial en ese concepto... [duda] Igual, el color suele ser un atributo accesorio de las cosas... entonces éste [señalando el nuevo ejemplar] sería un *pompe*."

En relación con las palabras, los resultados reflejan que tanto niños como adultos comprenden que *pompe* refiere a una categoría de objeto, es decir que pueden destacar los atributos esenciales que los miembros de una categoría comparten y desetimar las características accesorias o superficiales de los objetos, en este caso particular el color (Arunachalam y Waxman, 2010; Waxman y Lidz, 2006). Por otro lado, los participantes muestran comprender el rol representacional de las imágenes, al decodificar la información presente en ellas y vinculando estos estímulos acertadamente con los objetos presentes en la realidad (Ittelson, 1996).

En suma, los resultados del presente estudio muestran que los participantes aprendieron la palabra *pompe* y comprendieron la función referencial de esta palabra y de la imagen que sirvió como medio de aprendizaje. Esto no queda reflejado en la prueba imagen-objeto, la cual no sería un indicador fehaciente de compresión referencial en este contexto; sino que se evidenciaría en la posibilidad de generalizar la palabra aprendida a otro ejemplar de la misma categoría de objeto, la cual es el referente claro de estas imágenes genéricas y del sustantivo aprendido.

Aprendiendo un sustantivo mediante un boceto

Los resultados del estudio precedente reflejaron que los participantes no mostraron una tendencia a elegir el objeto real por sobre su imagen en la prueba imagen-objeto. Sin embargo, tanto adultos como niños transfirieron el sustantivo aprendido al objeto real reflejado en la imagen y a un nuevo ejemplar perteneciente a la misma categoría de objeto. Las preguntas que guiaron el presente estudio fueron: ¿Qué pasaría si se enseña a los participantes la palabra nueva utilizando una imagen menos icónica: bocetos? ¿Los niños seguirían eligiendo en igual medida la imagen y el objeto en la prueba imagen-objeto? ¿Podrían generalizar esta palabra nueva a otros ejemplares de la misma categoría de objeto?

Para responder a estos interrogantes, en este estudio se investigó el aprendizaje por parte de niños y de adultos de un sustantivo utilizando imágenes con bajo nivel de iconicidad: bocetos. Se constituyeron tres grupos en función de la edad de los participantes: 30 meses, 36 meses y adultos. Al igual que en el estudio anterior, se evaluó la ejecución de los participantes dentro de cada grupo de edad y se compararon las respuestas entre grupos experimentales dentro de cada tarea. Se esperó que el bajo nivel de iconicidad entre la imagen y el referente afectara la comprensión referencial de las imágenes e impactara en el aprendizaje de un sustantivo realizado por este medio. Asimismo, se esperó encontrar diferencias en la ejecución de niños de 30 y de 36 meses en la prueba de generalización.

En este estudio participaron: 17 niños (8 niñas, 9 niños) de 30 meses de edad (M: 29,94 meses), 17 niños (8 niñas y 9 niños) de 36 meses de edad (M: 35,35 meses); 17 adultos de 24 a 30 años de edad (8 mujeres y 9 varones) (M: 29 años). En cada grupo los sujetos fueron contrabalanceados por orden de presentación de los estímulos.

Se utilizaron los siguientes materiales:

Imágenes: un libro de imágenes que contenía bocetos a color (11x11 cm), que consistían en dibujos de los contornos de los objetos sin relleno, volumen ni otro tipo de detalles. El libro fue construido y organizado de la misma manera que el libro utilizado en el estudio previo. Se presentaron dibujos de los mismos objetos y se los organizó de manera similar. El boceto del objeto-meta era rojo, y el del objeto distractor verde. Asimismo, se utilizaron 4 bocetos sueltos: del objeto-meta (rojo), del objeto distractor (verde), de la manzana y del perro de peluche.

Figura 8: Libros de imágenes utilizados en la fase de entrenamiento.

Objetos: los mismos utilizados en la prueba anterior.

Los procedimientos fueron idénticos a los del anterior para niños y adultos (Cuadro 2), pero se utilizó el libro con bocetos en la fase de entrenamiento y los bocetos sueltos en la etapa de prueba (Figura 9).

Figura 9: Opciones presentadas en la tarea imagen-objeto y la tarea de control, respectivamente. Las imágenes y objetos conservan los colores originarles, rojo para el objeto-meta y verde para el distractor.

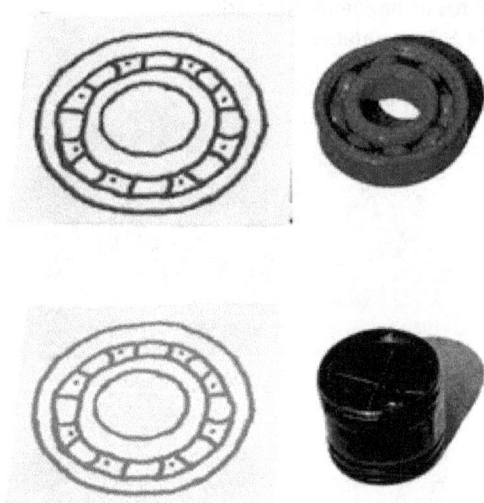

Se comenzó analizando la *performance* de los participantes por prueba dentro de cada uno de los tres grupos de edad: 30 meses, 36 meses y adultos. Por último, se comparó la ejecución entre grupos de edad en cada una de las pruebas.

Prueba imagen-objeto

En esta prueba se escogía entre el boceto del *pompe* y el *pompe* real. Los niños que conformaron el grupo de 30 meses mostraron una preferencia por la imagen (13, 76%) sobre el objeto (4, 24%), $X^2 (1,N=17)= 4.76, p< .05$. A los 36 meses, 11 niños (65%) eligieron la imagen y 6 el objeto (35%), respuesta aleatoria, X^2 (1,N=17)= 1.47,p> .05. Los adultos eligieron en igual medida ambas opciones: 9 participantes (53%) eligieron el objeto y 8 (47%) la imagen, X^2 (1,N=17)= .05,p> .05.

Gráfico 2: Porcentaje de las elecciones por grupo de edad.

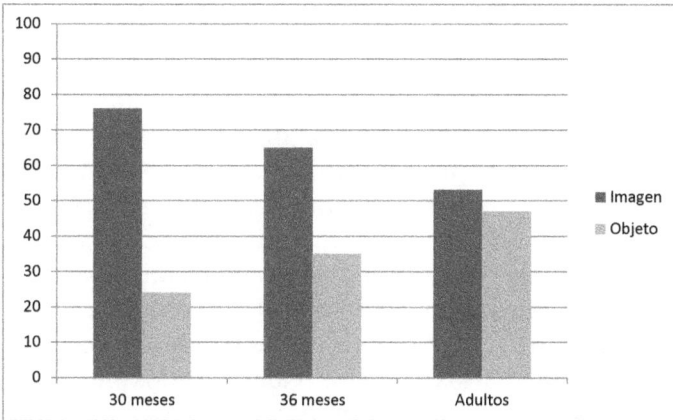

No se encontraron diferencias estadísticamente significativas entre los grupos de 30 meses y de 36 meses utilizando el Estadístico exacto de Fisher (p > .05), ni entre grupos de 30 meses en comparación con los adultos (p > .05).

Mientras que el grupo de adultos y el grupo de 36 meses no mostraron preferencia por ninguna de las dos opciones, para los niños de 30 meses la imagen parecería ser mejor candidato para ser relacionada con el nombre *pompe*. Los resultados obtenidos indicarían que a los 30 meses de edad la palabra aprendida quedó fuertemente asociada al tipo de medio simbólico utilizado en la enseñanza (imagen impresa). Pareciera que las imágenes de bajo nivel de iconicidad, como los bocetos, dificultan el acceso desde la imagen a la categoría de objeto a la cual ésta refiere.

Además de ser clasificadas según su nivel de iconicidad, las imágenes pueden diferenciarse por su modo de producción. De esta manera, algunas imágenes son producidas mecánicamente, como una fotografía, otras son creadas manualmente, como un dibujo. El proceso de producción de las imágenes podría impactar en el establecimiento de relaciones con su referente. Las fotografías requieren para su elaboración que el objeto representado esté presente en un momento determinado, lo que indica que estas entidades tienen referentes reales. Peirce (1932) incluye a las fotografías en su clasificación de índices. Es decir, sería sencillo conectar a estas representaciones con objetos reales. Los dibujos, por su parte, serían íconos. Estas entidades pueden representar objetos imaginarios u objetos reales basados en una representación mental del productor, no necesariamente presentes en el momento de la producción de esa representación. A medida que los niños van adquiriendo experiencia con imágenes aprenden que los dibujos no siempre remiten a objetos reales, por lo que conectar a los dibujos con un objeto concreto puede ser una tarea difícil a edades tempranas.

El impacto del bajo nivel de iconicidad a los 30 meses encontrado es consecuente con otras investigaciones (por ejemplo, Callaghan, 2000; DeLoache, 1995, 2002; DeLoache *et al.*, 1998; Ganea *et al.*, 2008) que marcan que esta variable es importante en el establecimiento de relaciones simbólicas en este momento del desarrollo, mientras que los niños mayores y adultos parecen independizarse de estas claves perceptual para conectar imagen y referente.

Prueba de control

Como se dijo anteriormente, los participantes debían optar entre la imagen del *pompe* y el objeto distractor real. La mayoría de los sujetos eligieron la imagen y esta elección no fue producto del azar. Esto ocurrió en el grupo de 30 meses en 16 niños (94%), X^2 $(1,N=17)=$ 13.23, $p< .01$, en el de 36 meses, en 13 participantes (76%), X^2 $(1,N=17)=$ 4.76, $p< .05$, y en el grupo de adultos 17 sujetos (100%). Al igual que en el estudio anterior, todos los grupos pudieron reconocer el *pompe* cuando se le presentaba la imagen de este objeto junto con el objeto distractor real.

Prueba de extensión

En este caso las opciones para la elección eran el *pompe* real y el objeto distractor. En la prueba de extensión, todos los grupos extendieron la palabra *pompe* al objeto real. Las elecciones de los participantes superaron los niveles del azar en los tres grupos: 30 meses, X^2 $(1,N=17)=$ 7.17, $p< .01$, 36 meses, X^2 $(1,N=17)=$ 4.76, $p< .05$ y adultos, X^2 $(1,N=17)=$ 13.23, $p< .01$.

Prueba de generalización

En este caso los participantes debían escoger entre el nuevo *pompe* y el objeto distractor. Todos los grupos eligieron el nuevo ejemplar del *pompe* por encima del azar: en el grupo de 30 meses el 88% de los participantes, X^2 $(1,N=17)=$ 9.94, $p< .01$; en el grupo de 36 meses el 94%, X^2 $(1,N=17)=$ 13.23, $p< .01$; y el 100% de los adultos.

Todos los grupos mostraron una elección referencial al seleccionar un ejemplar de la misma categoría de objeto. Sin embargo, algunos comentarios de los adultos mostrarían cierta fijación a algunas características superficiales de la imagen como, por ejemplo, el color. Así, un participante de 24 años expresó: "Bueno creo que es éste [duda]... sí, elijo éste. Igual no es un *pompe* real porque el *pompe* es rojo". Incluso, otro adulto de 30 años manifestó: "Elijo éste, pero en realidad no es el *pompe*"; la experimentadora pregunta: "¿Por qué pensás que no es un pompe?" y el participante responde: "Porque el *pompe* es rojo".

En relación con el grupo de 30 meses, la prueba imagen-objeto reveló que los niños quedaron fijados a la imagen a través de la cual se les enseñó la palabra *pompe*. Sin embargo, en la prueba de generalización realizaron respuestas que señalarían que aprendieron la palabra *pompe,* ya que la pudieron aplicar a otro miembro de la misma categoría de objeto. Como se planteó en el estudio anterior, la prueba de generalización exploraría la función referencial en este contexto, dado que tanto la imagen como la palabra remiten a una categoría de objeto.

Lo expuesto parecería indicar que los niños comprenden la función referencial de la imagen y del sustantivo. Sin embargo, es importante tener en cuenta el orden de presentación de las pruebas antes de realizar una interpretación de los resultados. Ganea y colaboradores (2008) sugirieron que el orden de presentación de las pruebas debía ser mantenido en todos los grupos y en todos los sujetos. En este caso, esta decisión podría haber influido en el resultado dando mayor ocasión de aprendizaje. Los niños realizaban en primer lugar la prueba de *ext*ensión, teniendo que reconocer un *pom-pe* del mismo color que el representado en el boceto. Posteriormente, debían generalizar la palabra *pompe* a un nuevo ejemplar de otro color. De esta manera, pudieron haber realizado una primera analogía entre el boceto y el objeto real y, luego, una segunda desde el objeto real rojo hacia el otro ejemplar azul. En estudios posteriores se podría tener en cuenta este posible efecto y controlarlo contrabalanceando el orden de presentación de las pruebas.

Comparando el aprendizaje con fotografías y bocetos

Los resultados de los estudios anteriores señalaron que algunos participantes no manifestaban una tendencia clara a preferir el objeto a su fotografía en la prueba imagen-objeto (cf. "Aprendiendo un sustantivo mediante una fotografía"). En "Aprendiendo un sustantivo mediante un boceto", se encontró que el grupo de niños de 30 meses eligió mayoritariamente el boceto en dicha prueba. Sin embargo, utilizando ambos medios, la mayoría de los participantes pudieron transferir y generalizar a distintos tipos de ejemplares la palabra aprendida. En este estudio se buscó comparar la comprensión referencial entre fotografías y bocetos a los 30 meses.

En este estudio participaron 34 niños (17 niñas, 17 niños) de 30 meses de edad (M: 30,47 meses). Los participantes fueron distribuidos en dos condiciones experimentales: fotografías y bocetos. Dentro de cada condición los participantes fueron asignados a dos órdenes de presentación de los estímulos.

Los materiales y procedimientos idénticos a los desarrollados en el estudio "Aprendiendo un sustantivo mediante una fotografía", para la condición fotografías y en el estudio "Aprendiendo un sustantivo mediante una boceto", para la condición bocetos.

Se compararon los resultados entre las condiciones fotografías y bocetos en cada prueba, es decir, prueba imagen-objeto, prueba de control, prueba de extensión y prueba de generalización. Utilizando la prueba Exacta de Fisher, se encontraron diferencias estadísticamente significativas entre las condiciones sólo en la prueba imagen-objeto Fisher ($p < .05$). Sin embargo, la fuerza de la relación es débil (phi:.369, $p > .05$) (Tabla 1).

Tabla 1: Número y porcentajes de elecciones en la prueba imagen-objeto por condición experimental. Comparación de elecciones mediante Prueba exacta de Fisher.

CONDICIÓN EXPERIMENTAL	PRUEBA IMAGEN-OBJETO				p (Prueba exacta de Fisher)
	Imagen		Objeto		
	n	%	n	%	
Fotografías	8	47	9	53	.035
Bocetos	13	76	4	24	

Los resultados indicarían un impacto del nivel de iconicidad en el establecimiento de relaciones entre la imagen y su referente a los 30 meses. De este modo, este estudio se alinea con los hallazgos encontrados en otras investigaciones. En sentido, Callaghan (2000) encontró que los niños son más propensos a relacionar un objeto real con su imagen cuando ésta es más parecida perceptualmente a su referente. Por su parte, Ganea y colaboradores (2008) concluyeron que la transferencia de la información entre libros de imágenes y objetos reales se ve afectada por el nivel de iconicidad de las imágenes utilizadas. Asimismo, Simcock y DeLoache (2006) reportaron un hallazgo similar: los niños de 18 a 30 meses de edad pudieron imitar acciones novedosas con más facilidad cuando se les enseñaba con un libro con imágenes más icónicas (fotografías) que con imágenes menos icónicas (dibujos).

Cabe recordar que más allá de la iconicidad, el modo de producción de las imágenes puede facilitar su comprensión (Peirce, 1932), y que las fotografías son una vía privilegiada para acceder a la conexión simbólica entre ellas y los objetos de la realidad.

CAPÍTULO V
EL APRENDIZAJE DE UN ADJETIVO
MEDIANTE UN LIBRO DE IMÁGENES

El objetivo principal de los estudios que componen el presente capítulo fue investigar la comprensión referencial de imágenes y palabras que remiten a propiedades de objeto por parte de niños pequeños y de adultos. Por un lado, se buscó explorar el impacto de la información descriptiva y las características de la palabra enseñada en la comprensión referencial de adjetivos. Por otro, se evaluó la posibilidad de transferir la palabra a otro ejemplar que presentaba la misma propiedad de objeto.

Se exploró el aprendizaje de adjetivos que denotan una propiedad visual de un objeto, un estampado (en algunos casos se trataba de un diseño a lunares y en otros de un cuadriculado). Se manipularon dos variables: tipo de información que los participantes recibían al realizar la tarea y características de la etiqueta verbal enseñada. Estas variables se incluyeron teniendo en cuenta el efecto de variables lingüísticas y contextuales en la adquisición de adjetivos por parte de niños pequeños e incluso de sujetos adultos. Para detectar el referente de un adjetivo se debe no sólo detectar perceptualmente objetos y eventos de su entorno, sino que, además, es preciso atender a la relación entre estos eventos y objetos en una escena percibida. También resulta fundamental prestar especial atención a la sintaxis de la oración dentro de la cual se presenta la palabra y distinguir diferentes formas gramaticales (Arunachalam y Waxman, 2010; Waxman y Lidz, 2006).

Por un lado, en relación con la información otorgada, se establecieron dos procedimientos: con descripción de la propiedad y sin descripción. Está documentado que la información que se brinda a los niños en un contexto social de interacción facilita el acceso al *insight* representacional, es decir, a conectar un símbolo con su referente (por ejemplo, DeLoache *et al.*, 1999; Maita y Peralta, 2010; Peralta y Salsa, 2003; Peralta y Salsa, 2011; Salsa y Peralta, 2007).

También se comparó el impacto de etiquetas con distinta morfología: con sufijo adjetivador y sin sufijo adjetivador. Estudios realizados con niños hablantes del idioma inglés, mostraron que la ausencia de sufijo adjetivador no interfiere en la comprensión referencial de adjetivos por parte de niños pequeños (Booth y Waxman, 2009). Sin embargo, la estructura sintáctica de la frase en el idioma inglés da indicios claros de que la palabra es un adjetivo. Por el contrario, en español la estructura sintáctica de las frases es más ambigua, por consiguiente los oyentes no cuentan con esta pista a la hora de encontrar el referente específico (Waxman y Lidz, 2006; Waxman *et al.*, 1997). En este sentido, en la presente investigación se indagó si en hablantes del español la ausencia de este sufijo podría afectar el establecimiento de la conexión entre la palabra –el adjetivo y el referente– y la propiedad de objeto.

El Cuadro 3 ilustra los estudios presentes en este capítulo. El Cuadro 4 muestra los procedimientos de los cuatro estudios y sus diferencias según la condición experimental.

Cuadro 3: Estudios que conforman el presente capítulo.

	TIPO DE ETIQUETA	TIPO DE INFORMACIÓN	EDAD
Comparación del aprendizaje de sustantivos y adjetivos	Sustantivo	Sin descripción	36 meses
	Adjetivo con sufijo		
Aprendiendo un adjetivo por parte de niños y de adultos	Adjetivo con sufijo	Sin descripción	36 meses
			Adultos
Aprendiendo un adjetivo con ayuda de información descriptiva	Adjetivo con sufijo	Con descripción	30 meses
			36 meses
			Adultos
Aprendiendo un adjetivo sin sufijo	Adjetivo sin sufijo	Con descripción	36 meses
			Adultos
Aprendiendo un adjetivo con distintas ayudas: sufijo o información descriptiva	Adjetivo con sufijo	Sin descripción	36 meses
	Adjetivo con sufijo	Con descripción	
	Adjetivo sin sufijo	Con descripción	

Cuadro 4: Comparación de los procedimientos en las diferentes condiciones experimentales.

	-Comparación del aprendizaje de sustantivos y adjetivos (condición: propiedad de objeto) -Aprendiendo un adjetivo por parte de niños y adultos -Aprendiendo un adjetivo con distintas ayudas: sufijo o información descriptiva (condición: sin descripción, con sufijo)	-Aprendiendo un adjetivo con ayuda de información descriptiva -Aprendiendo un adjetivo con distintas ayudas: sufijo o información descriptiva (condición: con descripción, con sufijo)	-Aprendiendo un adjetivo sin sufijo -Aprendiendo un adjetivo con distintas ayudas: sufijo o información descriptiva (condición: con descripción, sin sufijo)
FASE DE ENTRENAMIENTO	Ante un objeto con propiedad convencional: "Mirá, este arcoíris es colorido." Ante el objeto con la propiedad meta: "Mirá esto es pompeado, Jack dice que esto es pompeado. ¿Viste qué lindo es esto pompeado?" Ante un objeto con la propiedad distractora: "Mirá esto, ¿lo ves? También es de Jack."	Ante un objeto con propiedad convencional: "Mirá este arcoíris. ¿Viste todos estos colores? Es colorido." Ante el objeto con la propiedad meta: "Mirá esto es pompeado, Jack dice que esto es pompeado porque tiene todos estos dibujitos. ¿Viste qué lindo es esto pompeado?" Ante un objeto con la propiedad distractora: "Mirá esto, ¿lo ves? ¿Viste estos dibujitos que tiene?"	Ante un objeto con propiedad convencional: "Mirá este arcoíris. ¿Viste todos estos colores? Es colorido." Ante el objeto con la propiedad meta: "Mirá esto es pompe. Jack dice que esto es pompe porque tiene todos estos dibujitos. ¿Viste qué lindo es esto pompe?" Ante un objeto con la propiedad distractora: "Mirá esto, ¿lo ves? ¿Viste estos dibujitos que tiene?"
FASE DE FAMILIARIZACIÓN	¿Dónde hay algo amarillo?	¿Dónde hay algo amarillo?	¿Dónde hay algo amarillo?
FASE DE PRESENTACIÓN DE LOS OBJETOS	¡Mirá! ¡Estos son los juguetes de Jack!	¡Mirá! ¡Estos son los juguetes de Jack!	¡Mirá! ¡Estos son los juguetes de Jack!
FASE DE PRUEBA Imagen-objeto Control Extensión Generalización	¿Cuál de estos es pompeado?	¿Cuál de estos es pompeado?	¿Cuál de estos es pompe?

Aprendiendo un adjetivo mediante una fotografía

En este estudio se exploró el aprendizaje de un adjetivo con sufijo adjetivador: *pompeado*. En lo referente a la información brindada, la experimentadora no proporcionó descripción de la propiedad. Por lo tanto, el procedimiento fue similar al desarrollado en los estudios en los que se enseñó un sustantivo, lo que posibilitó la comparación de ambos aprendizajes en niños de 36 meses ("Comparación del aprendizaje de sustantivos y adjetivos"). Posteriormente ("Aprendiendo un adjetivo por parte de niños y de adultos"), se cotejó la *performance* de los participantes que aprendieron un adjetivo por grupos de edad: 36 meses y adultos. En principio no se incluyeron niños de 30 meses debido a la complejidad de la tarea.

Comparación del aprendizaje de sustantivos y adjetivos

En este estudio se contrastó la ejecución de niños de 36 meses de edad en el aprendizaje de dos tipos de palabras, sustantivo y adjetivo, que denotan dos tipos de referentes: categorías de objeto y propiedad de objeto. En ambos casos se utilizaron libros con fotografías y los participantes no contaron con información descriptiva por parte de la experimentadora.

La hipótesis que subyace a este estudio es que es más sencillo para los niños pequeños conectar un sustantivo a su referente (categoría de objeto) que un adjetivo a su referente (propiedad de objeto). Se esperó que los niños que formaron parte del grupo "categorías" lograran generalizar un sustantivo a otro ejemplar de la misma categoría de objeto. Por el contrario, se consideró que para los niños del grupo "propiedad" la tarea de generalizar un adjetivo a otro ejemplar que presente la misma propiedad de objeto sería una tarea difícil en este contexto, en el cual no recibían pista alguna por parte de la experimentadora.

Formaron parte de este estudio 34 niños (17 niñas, 17 niños) de 36 meses de edad (M: 35,82 meses). Por un lado, los participantes fueron distribuidos en dos condiciones experimentales: categoría y propiedad. Por otro, los participantes de cada condición fueron distribuidos de igual manera en dos órdenes de presentación de los estímulos.

Para la condición "categoría de objeto" se utilizaron los mismos materiales empleados en los estudios "Aprendiendo un sustantivo mediante una fotografía" y "Comparando el aprendizaje con fotografías y bocetos" (condición fotografías) del capítulo anterior.

Los materiales utilizados en la condición "propiedad de objeto" se detallan a continuación.

Imágenes: un libro de imágenes que contenía catorce fotografías a color (11x11 cm). Se presentaron seis imágenes de objetos con propiedades convencionales (pato amarillo, oso peludo, cielo nublado, arcoíris colorido, pelota redonda y papel arrugado). Asimismo, se emplearon imágenes de dos objetos familiares con propiedades no convencionales (caballo a lunares y tren a cuadros); estas imágenes aparecían cuatro veces cada una. Se establecieron dos órdenes de presentación de las fotografías. En el orden 1 la propiedad meta, con la que se estableció la conexión con la palabra *pompeado,* eran los lunares. De esta manera, esta propiedad se representó por medio de la fotografía del caballo a lunares. La propiedad distractora (que no se nombraba) en este orden eran los cuadros, representados por un tren a cuadros. En el orden 2 la propiedad meta fueron los cuadros, mientras que los lunares se establecieron como propiedad distractora. Además, se utilizaron tres fotografías adicionales en cada orden de presentación. En el orden 1: una fotografía del caballo a lunares, una fotografía del pato amarillo y una fotografía del oso peludo. En el orden 2: una fotografía del tren a cuadros, una fotografía del pato amarillo y una fotografía del oso peludo. En el Cuadro 5 se detallan los materiales presentados por prueba en cada orden de presentación.

Objetos: cuatro objetos, que poseían propiedades no convencionales, creados especialmente para realizar estos estudios. En el orden 1 se utilizaron tres de estos objetos: caballo a lunares, tren a cuadros y flor a lunares. En el orden 2 se utilizaron: tren a cuadros, caballo a lunares y vestido a cuadros (Cuadro 5).

Cuadro 5: Materiales utilizados en cada prueba según orden de presentación en la condición "propiedad de objeto".

	ORDEN 1	ORDEN 2
Libro de imágenes que ilustra la foto del objeto con la propiedad meta y una foto de un objeto con una propiedad familiar		
IMAGEN-OBJETO		
CONTROL		

EXTENSIÓN	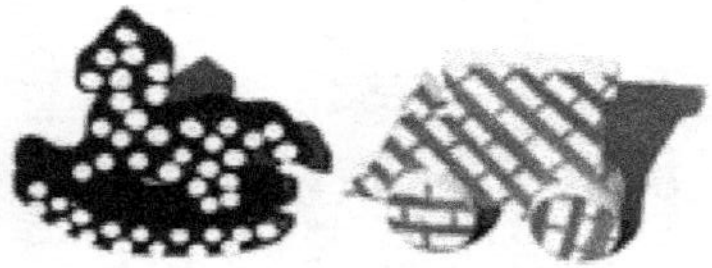	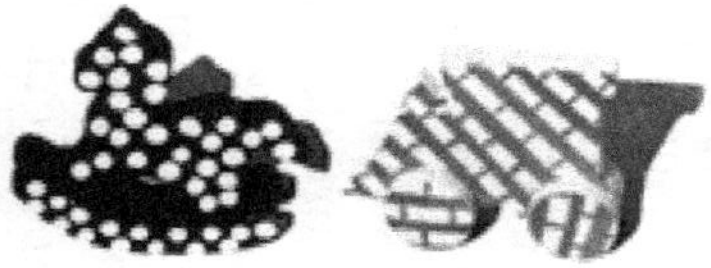
GENERALIZACIÓN	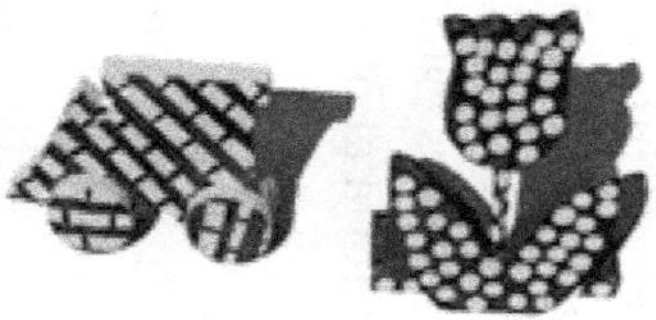	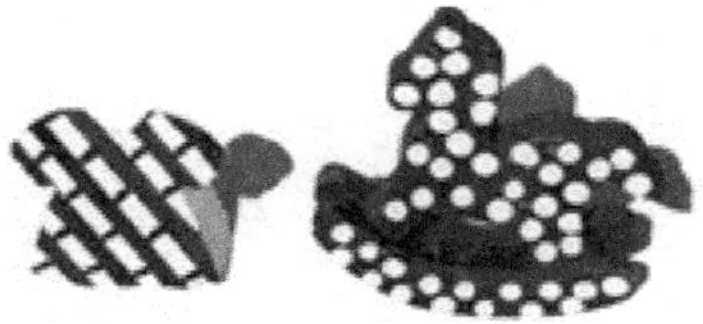

El libro fue construido y organizado de manera similar a los libros utilizados en los estudios presentados en la sección anterior.

Los procedimientos empleados en la condición "categoría de objeto" fueron los expuestos en los estudios de la sección anterior. A continuación se describen los procedimientos utilizados en la condición "propiedad de objeto". La tarea completa constó de cuatro fases:

- Fase de entrenamiento. Se enseñó al niño una palabra nueva apareándola a la propiedad no convencional (propiedad-meta) presentada en un objeto conocido. La experimentadora mostró al niño el libro de imágenes. A las propiedades familiares la experimentadora las nombraba una vez (ej.: "Mirá, este arcoíris, es colorido"). A la propiedad-meta la nombraba tres veces (ej.: "Mirá, esto es *pompedo*. Jack dice que esto es *pompeado*. ¿Viste qué lindo es esto *pompeado*?"). La experimentadora se refería al otro objeto nuevo pero sin atribuir un nombre a su propiedad (ej.: "Mirá esto, ¿lo ves? También es de Jack.).

- Fase de familiarización. En esta fase se intentó familiarizar al niño con el tipo de preguntas que se le formularían en la fase de prueba. Se le mostraban dos imágenes de objetos que presentaban propiedades convencionales (utilizados en la fase de entrenamiento) y se le pedía que señalara uno de ellos (ej.: "¿Dónde hay algo amarillo?").

- Fase de presentación de los objetos. A los niños se les mostró los dos objetos que contenían propiedades no convencionales para evitar que la elección del objeto en la fase de prueba fuera simplemente por la novedad.

- Fase de prueba. En esta fase los niños realizaron cuatro tareas respondiendo a la pregunta: "¿Cuál de estos es *pompeado*?".

1) *Imagen-objeto*. Elección entre la imagen del objeto que posee la propiedad meta y el objeto concreto que posee la propiedad meta.

2) *Prueba de control*. Elección entre la imagen del objeto que posee la propiedad meta y el objeto con la propiedad distractora.

3) *Extensión*. Elección entre el objeto que posee la propiedad meta y el objeto con la propiedad distractora.

4) *Generalización*. Elección entre un nuevo objeto, no utilizado en la fase de entrenamiento, que posee la propiedad meta (ej. flor a lunares) y el objeto con la propiedad distractora.

Para comenzar los análisis, se evaluó la ejecución de los participantes por prueba dentro de cada condición experimental: categorías de objeto y propiedades de objeto. Posteriormente, se comparó la ejecución de los participantes por condición en cada prueba experimental.

Prueba imagen-objeto

En esta prueba los niños debían escoger o bien entre la imagen del *pompe* y el *pompe* real (condición "categoría") o bien entre la imagen del objeto *pompeado* y el objeto pompeado real (condición "propiedad"). En el grupo "categoría" 9 niños (53%) eligieron la imagen y 8 (47%) optaron por el objeto. En el grupo "propiedad", 9 niños seleccionaron la imagen (53%) y 8 el objeto (47%), .

Los resultados reflejan que para los niños ambas opciones, imagen u objeto, pueden ser vinculadas con la palabra aprendida, ya sea un sustantivo o un adjetivo.

Gráfico 3: Porcentaje de elecciones de los participantes por condición experimental en la prueba imagen-objeto.

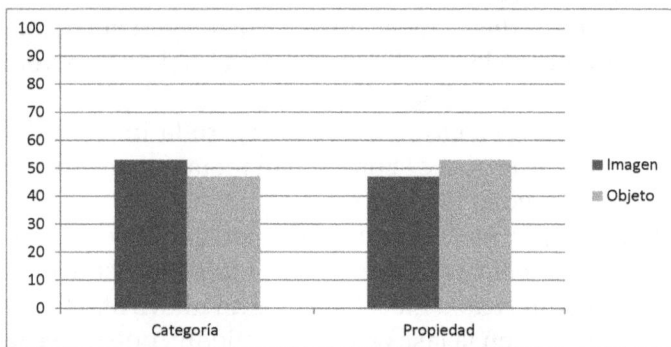

Prueba de control

En esta prueba se les presentaba a los niños la imagen del *pompe* y el objeto distractor real (condición "categoría"); o entre la imagen del objeto *pompeado* y el objeto con la propiedad distractora (condición "propiedad"). La mayoría de los participantes en ambas condiciones escogieron la imagen y la elección no es atribuible al azar: en el grupo "categoría" lo hicieron 14 sujetos (82%) y en el grupo "propiedades", 14 sujetos (82%) . Los resultados de ambas condiciones reflejan que los participantes pudieron reconocer las imágenes que se habían relacionado con la palabra aprendida. Es decir, los niños recordaron las imágenes utilizadas en el entrenamiento y su vinculación con la palabra aprendida, lo que se reflejaba en su elección.

Prueba de extensión

En esta prueba, los niños debían escoger entre el *pompe* real y el objeto distractor en la condición "categorías" o entre el objeto *pompeado* real y el objeto con la propiedad distractora en la condición "propiedades". La ejecución de los participantes superó los niveles del azar en ambos grupos: "categorías" y "propiedades".

En la condición "categorías", los participantes extendieron la palabra *pompe* al objeto real. En otras palabras, establecieron conexiones entre la imagen y el objeto representado. Las elecciones de los niños en la condición "propiedades" también reflejarían que los participantes reconocieron el objeto *pompeado*. Sin embargo, esta prueba podría denotar que los niños han realizado una mapeo entre la totalidad de la imagen y el objeto completo. En otras palabras, la elección del objeto *pompeado* en esta prueba no comprueba que los niños hayan detectado al referente específico: propiedad de objeto.

Los dichos de los participantes parecieran dirigir la interpretación hacia esa dirección. Tres niños manifestaron espontáneamente en la prueba de extensión: "esto es un *pompeado*". La sintaxis de la frase, la presencia de la palabra *un*, denota que *pompeado* para ellos podría ser considerado un sustantivo.

Prueba de generalización

En esta ocasión los niños debían optar entre el nuevo *pompe* (misma forma pero diferente color) y el objeto distractor, en la condición "categoría" o entre un nuevo objeto pompeado y el objeto que presentaba la propiedad distractora en la condición "propiedad". En la condición "categoría" 16 niños (94%) escogieron el nuevo ejemplar del objeto meta y 1 (6%) al objeto distractor, preferencia por encima de los niveles del azar X^2 $(1,N=17)=13.23,p<$ .01. En la condición "propiedades", 3 niños (18%) señalaron el nuevo ejemplar con la propiedad-meta y 14 (82%) el objeto con la propiedad distractora, preferencia también por encima de los niveles del azar, X^2 $(1,N=17)=7.11,p<$ .01.

Gráfico 4: Porcentaje de elecciones correctas en las pruebas de extensión y generalización según condición experimental.

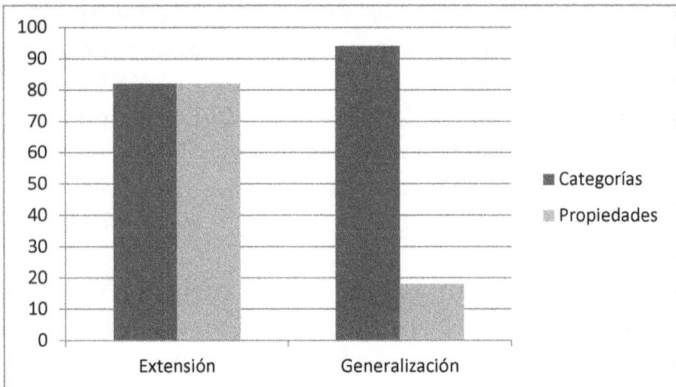

Se comparó la ejecución de los niños por condición experimiental. De acuerdo con la prueba exacta de Fisher (p <.01) se encontraron diferencias significativas en la ejecución entre los niños de 36 meses de la condición "categorías" y los de la condición "propiedades". El coeficiente *Phi* (-.770, p < .01) indicaría la fuerza de la relación.

Tabla 2: Número y porcentajes de elecciones en la prueba
de generalización por condición experimental. Comparación
de elecciones mediante Prueba exacta de Fisher.

CONDICIÓN EXPERIMENTAL	PRUEBA DE GENERALIZACIÓN				p (Prueba exacta de Fisher)
	Meta		Distractor		
	n	%	n	%	
Categoría	16	94	1	6	.000
Propiedad	3	18	14	82	

Los resultados encontrados muestran que los niños de 36 meses transfirieron un sustantivo aprendido por medio de una fotografía a otro ejemplar. Sin embargo, los niños de esa misma edad no generalizaron el aprendizaje de un adjetivo que refería una propiedad visual a otro objeto que presentaba dicha propiedad. En suma, los niños de la condición "categoría" pudieron conectar tanto la imagen como la palabra con el referente, categoría de objeto. Los niños de la condición "propiedad" no mostraron respuestas referenciales.

En la prueba de generalización un participante de la condición "propiedad" sentenció señalando el nuevo ejemplar *pompeado*: "¡Éste no! ¡Es una flor!" Esto indicaría que para el niño el objeto pertenecía a una categoría de objeto particular, flor, y que por lo tanto no podía pertenecer a otra categoría, en este caso *pompeado*. En otras palabras, pertenecer a la categoría de objeto flor imposibilitaría incluir a la flor en otra categoría *pompeado*.

Es importante destacar que los objetos que presentaban la propiedad *pompeado* pertenecían a diferentes categoría de nivel básico, de hecho ni siquiera pertenecían a la misma categoría de nivel supraordenado. Los niños debían transferir la palabra *pompeado* en el orden

1 de un caballo, animal, a una flor, planta, y en el orden 2 de un tren, medio de transporte, a un vestido, vestimenta. Está documentado que los niños de hasta 3 años de edad les cuesta extender adjetivos más allá de una categoría de nivel básico (Hall y Lavin, 2004; Klibanoff y Waxman, 2000; Markman y Jaswal, 2004; Waxman y Markow,1998), sesgo que se ha registrado también en adultos bajo algunas condiciones (Allopenna *et al.*, 1998; Halff *et al.*, 1976; Medin y Shoben, 1988;).

Investigaciones también han indicado que los bebés comienzan el arduo camino de la adquisición de las palabras aprendiendo sustantivos y conectándolos con las categorías de objeto que representan (por ejemplo, Bloom, 2000; Booth y Waxman, 2009; Echols y Marti, 2004; Gentner, 1982; Gleitman, 1990; Hall y Lavin, 2004; Pinker, 1984; Tomasello, 2003; Waxman y Booth, 2001, 2003; Waxman y Markman, 1998). Asimismo, numerosos estudios han señalado que es más sencillo para los niños detectar conexiones entre palabras y objetos completos e identificables, que entre palabras y sus partes de objetos o propiedades (Markman, 1987, 1989, 1990, 1992; Cifuentes-Férez y Gentner, 2006; Gentner, 1982, 1990, 2006; Gentner y Boroditsky, 2001; Gentner *et al.*, 2007; Jones y Smith, 1993; Smith, 2000, 2003, 2010; Yee *et al.*, 2012). Los resultados aquí presentados serían consecuentes con este patrón evolutivo al señalar que los niños aprenden más fácilmente palabras que refieren a categorías de objeto que palabras que remiten a propiedades.

Aprendiendo un adjetivo por parte de niños y de adultos

En el estudio anterior se encontró que los niños de 36 meses transfirieron un sustantivo aprendido a través de una fotografía a otro ejemplar, pero no generalizaron un adjetivo que refería una propiedad visual a un nuevo objeto que poseía la misma propiedad.

Un interrogante que se desprende de los anteriores resultados es si esta limitación se debe a un problema del diseño de la tarea, concretamente a que en el contexto de la tarea no sea posible conectar la propiedad con el adjetivo. Por esto se cotejó la ejecución de niños y de adultos en la tarea de aprendizaje de un adjetivo con sufijo, sin contar con descripción de la experimentadora.

Participaron de este estudio 17 niños (9 niñas, 8 niños) de 36 meses de edad (M: 35,82 meses) y 17 adultos de entre 20 y 56 años de edad (9 mujeres y 8 varones) (M: 25,35 años). En cada grupo los sujetos fueron contrabalanceados por orden de presentación de los estímulos.

Se utilizaron los materiales descriptos en el estudio anterior en la condición "propiedad". En relación con los procedimientos, en el caso de los niños, se siguieron los mismos procedimientos del estudio anterior en la condición "propiedad". En el caso de los adultos los procedimientos fueron modificados y adaptados siguiendo parámetros similares a los utilizados en el capítulo anterior (Cuadro 2).

En primer lugar, se analizó la *performance* de los sujetos en cada prueba experimental dentro de los grupos de edad: 36 meses y adultos. Luego, se cotejó la ejecución de los participantes por grupo de edad en cada una de las pruebas.

Prueba imagen-objeto

En esta prueba los participantes elegían entre la imagen del objeto *pompeado* y el objeto con la propiedad meta. En el grupo de 36 meses, 9 niños indicaron la imagen (53%) y 8, el objeto (47%), X^2 (2,X^2 (1,N=17)= .59,$p>$ .05,ns. En cuanto al grupo de adultos, 5 (29%) señalaron la imagen, 2 (18%) el objeto y 10 (59%) la imagen y el objeto, X^2 (2,N=17)= 5.76,$p>$ .05 (Gráfico 5).

Gráfico 5: Porcentaje de elecciones de los participantes por grupo de edad en la prueba imagen-objeto.

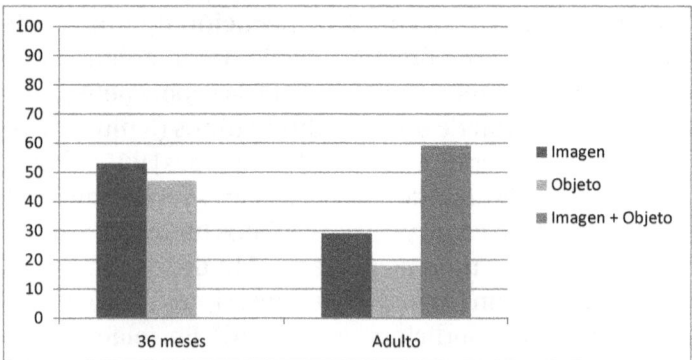

Los adultos y los niños mostraron elecciones aleatorias en esta tarea. Los adultos tendieron a elegir la imagen y el objeto en su conjunto. Esto podría deberse al tipo de palabra enseñada. La experiencia con el uso de la lengua señala que es muy probable que un adjetivo se aplique a varios ejemplares (Hall y Belanger, 2001; Hall y Lavin, 2004; Haryu y Imai, 2002; Imai y Haryu, 2004).

Prueba de control

En esta prueba se optaba entre la imagen del objeto *pompeado* y el objeto con la propiedad distractora. Todos los participantes se inclinaron por la imagen y la tendencia no es atribuible al azar. En el grupo de 36 meses, 14 (82%) niños eligieron la imagen, X^2 (1,N=17)= 7.11,p< .01. En cuanto al grupo de adultos el 100% eligió la imagen del objeto *pompeado*.

Las respuestas de los participantes reflejan que recuerdan la palabra aprendida y pueden relacionarla con la imagen que sirvió como vehículo del aprendizaje.

Prueba de extensión

Los participantes debían optar entre el objeto *pompeado* y el objeto que presentaba la propiedad distractora. La ejecución de los integrantes de ambos grupos superaron los niveles del azar. En el grupo de 36 meses, X^2 (1,N=17)= 13.23,p< .01, 16 niños extendieron la palabra *pompeado* al objeto real, y en el grupo de adultos, los 17 sujetos realizaron esa elección (100%).

Tanto el grupo de 36 meses como el grupo de adultos extendieron la palabra aprendida por medio de la imagen al objeto real. Como se dijo en el estudio anterior, esta *performance* no necesariamente refleja una elección referencial ya que los participantes pudieron haber realizado un mapeo entre el objeto completo y el adjetivo, y no con la propiedad de objeto.

Los participantes debían elegir entre un nuevo objeto pompeado, o el objeto con la propiedad distractora.

Prueba de generalización

Los participantes debían elegir entre un nuevo objeto pompeado, o el objeto con la propiedad distractora. A los 36 meses, 3 niños (18%) escogieron el nuevo ejemplar con la propiedad meta y 14 (82%) el objeto con la propiedad distractora, elección por encima de los niveles del azar, X^2 (1,N=17)= 7.11,p< .01. En cuanto al grupo de adultos 16 (94%) seleccionaron el nuevo ejemplar del objeto meta y 1 participante (6%) no realizó elección alguna, X^2 (1,N=17)= 13.23,p< .01.

Gráfico 6: Porcentaje de respuestas correctas e incorrectas por grupo de edad en la prueba de generalización.

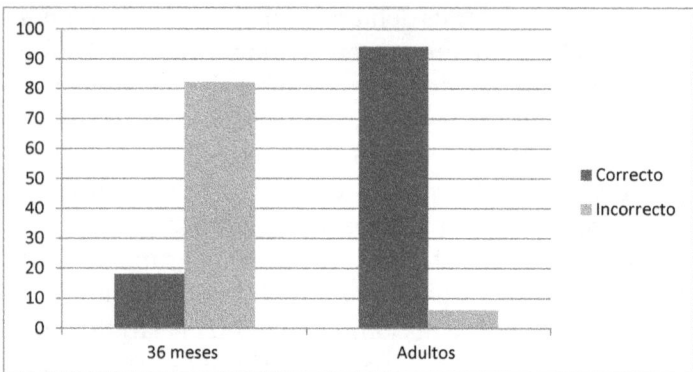

También se realizaron comparaciones por edad. En primer lugar, se codificaron las elecciones en una nueva variable dicotómica a fin de poder realizar la prueba exacta de Fisher. Las dimensiones construídas fueron correcto/incorrecto. De acuerdo con la prueba exacta de Fisher (p < .01) encontramos diferencias estadísticamente significativas en las selecciones de los participantes del el grupo 36 meses y en el grupo adultos. El coeficiente Phi (-.770, p < .01) indicaría que la fuerza de esta relación es fuerte.

Tabla 3: Número y porcentajes de elecciones en la prueba de generalización por grupo de edad. Comparación de elecciones mediante Prueba exacta de Fisher.

GRUPOS DE EDAD	PRUEBA DE GENERALIZACIÓN				p (Prueba exacta de Fisher)
	Meta		Distractor		
	n	%	n	%	
36 meses	3	18	14	82	.000
Adultos	16	94	1	6	

El objetivo de este estudio fue comparar la ejecución de niños de 36 meses de edad y de adultos en la tarea de aprendizaje de un adjetivo: *pompeado*. La exploración de la actuación de los adultos en la tarea no tuvo como fin explorar si los participantes podían realizar estos aprendizajes, ya que es obvio que los adultos pueden aprender adjetivos en contextos diversos. Lo que buscó este estudio fue desentrañar si la tarea es clara para los participantes mayores, lo que reflejaría que la imposibilidad de los niños de generalizar un adjetivo a otro ejemplar no se debe a un error en el diseño del experimento.

La prueba de extensión mostró que tanto los niños como los adultos pudieron reconocer el objeto real representado por las imágenes. Sin embargo, la prueba de generalización parece reflejar que mientras que para los niños el referente de la palabra *pompeado* sería una categoría de objeto, para los adultos el patrón de generalización del adjetivo está basado en la propiedad de objeto.

Algunos adultos preguntaban al comienzo de la tarea: "¿A qué se refiere el *pompeado*, al color, al dibujo?" Pero rápidamente decían: "Ah, sí, es este dibujo". Los adultos espontáneamente accedieron al *insight* representacional entre la parte de la imagen y el referente, el estampado. Por ejemplo, una participante de 20 años afirmó: "Éste sería *pompeado* porque tiene estos cuadrito". Asimismo, conectaron la palabra *pompeado* con la propiedad de objeto que denota.

Por lo tanto, la *performance* de los niños de 36 meses no se debería a un déficit de la tarea. Los niños necesitarían algunas pistas más precisas para acceder a la conexión símbolo-referente. En el próximo estudio se explora el impacto de la información descriptiva otorgada por la experimentadora en el aprendizaje de un adjetivo por parte de niños de 30, de 36 meses y de sujetos adultos.

Aprendiendo un adjetivo con ayuda de información descriptiva

Los resultados del estudio "Aprendiendo un adjetivo mediante una fotografía" reflejan que el grupo de niños de 36 meses de edad no generalizó el adjetivo a otros ejemplares que compartían la misma propiedad. En cuanto al grupo de adultos, sí aplicaron la etiqueta a nuevos ejemplares sin dificultad. Aquí se propone indagar el aprendizaje de un adjetivo, *pompeado*, en un contexto en el cual los participantes reciben información descriptiva acerca de la propiedad referida. La hipótesis que subyace a este estudio es que la información descriptiva otorgada por la experimentadora facilita la conexión entre símbolos y referentes, no sólo a los 36 meses sino también a los 30 meses. Se trabajó con niños de 30 y de 36 meses, y con participantes adultos.

En este estudio participaron 34 niños: 17 niños (8 niñas, 9 niños) de 30 meses de edad (M: 30,59 meses), 17 niños (8 mujeres y 9 varones) de 36 meses de edad (M: 36,35 meses) y 17 adultos de entre 20 y 37 años de edad (8 mujeres y 9 varones) (M: 26 años). Los participantes fueron divididos según el orden de presentación de los estímulos, la mitad recibió un orden y la otra mitad el inverso.

Se emplearon los materiales descriptos en los estudios "Comparación del aprendizaje de sustantivos y adjetivos" (en la condición "propiedad") y "Aprendiendo un adjetivo por parte de niños y adultos".

Los procedimientos fueron similares a los utilizados en los estudios previos con una diferencia sustancial. Los participantes aprendieron también la palabra *pompeado*, pero se les brindó información descriptiva acerca de la propiedad en la que se resaltaban las características de la imagen a la cual debían mapear la palabra. Por ejemplo, en la fase de entrenamiento la experimentadora nombraba a los objetos con propiedades convencionales describiendo la propiedad (ej.: "Mirá este arcoíris. ¿Viste todos estos colores? Es colorido."). A la propiedad-meta la nombraba tres veces acompañada de la descripción de la propiedad (ej.: "Mirá, esto es *pompeado*. Jack dice que esto es *pompeado* porque tiene todos estos dibujitos. ¿Viste qué lindo es esto *pompeado*?"). La experimentadora se refería al objeto que posee la propiedad que funcionaba como distractor, describiéndola pero sin nombrarla (ej.: "Mirá esto, ¿lo ves? ¿Viste estos dibujitos que tiene?"). En el caso de los adultos los procedimientos fueron adaptados siguiendo los mismos criterios que en los estudios previos (ver Cuadro 2).

Primeramente, se analizó la *performance* de los participantes por prueba dentro de cada uno de los tres grupos de edad: 30 meses, 36 meses, adultos. Para finalizar, se comparó la ejecución de los sujetos por grupo de edad en cada una de las pruebas.

Prueba imagen-objeto

En esta prueba la elección era entre el objeto *pompeado* real y su imagen. En el grupo de 30 meses, 12 niños escogieron la imagen (71%), 4 el objeto (23%) y 1 (6%) ambas opciones, elección que es estadísticamente significativa, X^2 (2,N=17)= 11.41,p< .01. En cuanto al grupo de 36 meses, 10 (59%) prefirieron la imagen, 3 (18%) optaron el objeto y 4 (23%) seleccionaron la imagen más el objeto. La elección no superó los niveles del azar, X^2 (2,N=17)= 5.05,p> .05. En el grupo de adultos, el 18% (3 participantes) señaló la imagen, el 23% (4 participantes) optó por el objeto y el 59% (10 participantes) seleccionó ambas opciones. La preferencia es atribuible al azar, X^2 (1,N=17)= 5.05,p> .05.

Al igual que en el estudio anterior, los adultos y los niños elegían indistintamente la imagen del objeto *pompeado* o el objeto *pompeado* real. Asimismo, los adultos mostraron una tendencia a optar por ambas opciones a la vez, lo que podría explicarse por el tipo de palabra (adjetivo), que suele usarse para denotar múltiples ejemplares (Hall y Belanger, 2001; Hall y Lavin, 2004; Haryu y Imai, 2002; Imai y Haryu, 2004).

Prueba de control

En esta tarea los participantes debían elegir entre la imagen del objeto *pompeado* y el objeto con la propiedad distractora. El grupo de 30 meses la *performance* fue superior al nivel del azar, X^2 (1,N=17)= .05,p> .05: 9 participantes (53%) eligieron la imagen del objeto meta y 8 participantes (47%) el objeto con la propiedad distractora. En el grupo de 36 meses, 14 (82%) participantes eligieron la imagen del objeto meta y 3 (16%) el objeto que presentaba la propiedad distractora (5, 29%), elección superior a los niveles del azar, X^2 (1,N=17)= 7.11,p> .05. En el grupo adultos, el 100% seleccionó la imagen del objeto meta. Esto indicaría que los grupos de 36 meses y de adultos reconocieron la imagen que fue utilizada en el entrenamiento y detectaron su relación con la palabra pompeado. Esto no se evidenció en el grupo de 30 meses, en el cual algunos participantes parecerían no reconocer la imagen utilizada en el entrenamiento (Gráfico 7).

Gráfico 7: Porcentaje de elecciones de los participantes según grupos de edad en la prueba de control

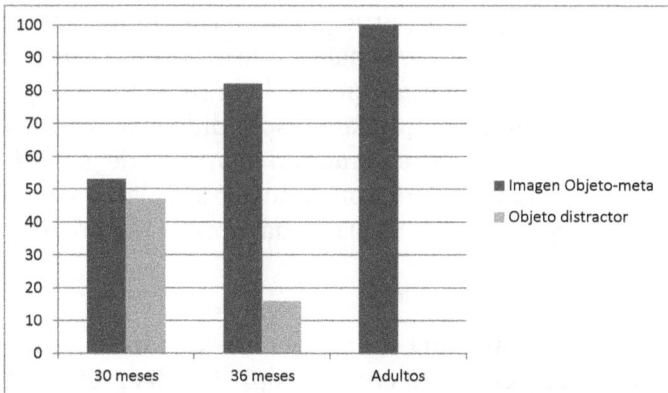

Prueba de extensión

En esta oportunidad los niños elegían entre el objeto *pompeado* y el objeto con la propiedad distractora. En el grupo de 30 meses, 12 participantes (70%) eligieron el objeto que presentaba la propiedad meta, mientras que 5 sujetos (30%) eligieron el objeto con la propiedad distractora, X^2 $(1,N=17)= 2.88, p> .05$.La mayoría de los participantes de los grupos restantes optaron por el objeto *pompeado* sobre el objeto con la propiedad distractora; esta preferencia no puede explicarse por efectos del azar: en el grupo de 36 meses, 13 participantes, X^2 $(1,N=17)= 4.76, p< .05$ y en el grupo de adultos 17 participantes (100%).

Si bien los niños de 30 meses mostraron una tendencia a extender la palabra *pompeado,* ésta no fue corroborada estadísticamente. Sí se corroboró estadísticamente que los niños de 36 meses realizaron elecciones que señalan un reconocimiento del objeto *pompeado*. Sin embargo, al igual que en los estudios previos, esto no garantiza que los participantes hayan detectado la conexión precisa entre la palabra, la parte de la imagen correspondiente al estampado y la propiedad de objeto. Este interrogante quedará respondido evaluando la ejecución de los participantes en la prueba de generalización en la cual debieron conectar la palabra a otro ejemplar que presentaba la misma propiedad de objeto.

Prueba de generalización

La elección debía realizarse entre un nuevo objeto *pompeado* y el objeto con la propiedad distractora. A los 30 meses, 5 niños (30%) escogieron el nuevo ejemplar con la propiedad meta y 12 (70%) el objeto con la propidad distractora, elección que fue al azar (X2= 2.88, gl. 1, $p > .05$). En cuanto al grupo de 36 meses, 15 (88%) optaron el nuevo ejemplar del objeto meta, elección superior a los niveles del azar, X^2 (1,N=17)= 9.94,$p< .01$. En cuanto al grupo de adultos el 100% generalizó la palabra aprendida.

Gráfico 8: Porcentaje de las elecciones de los participantes en cada grupo de edad en la prueba de generalización.

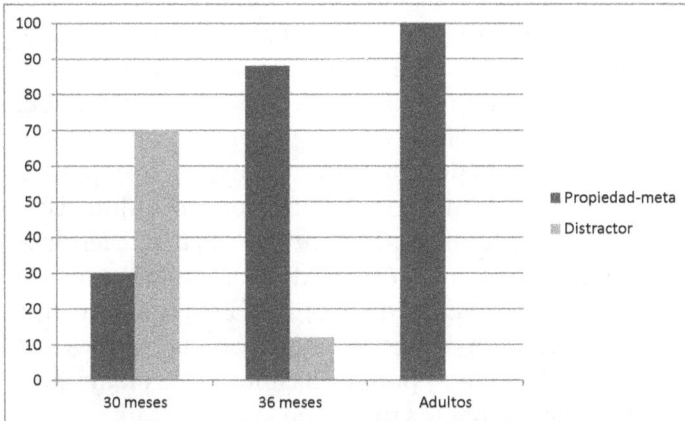

Se realizaron comparaciones por edades. Se encontraron diferencias estadísticamente significativas en la ejecución de los participantes del grupo 30 meses y los del grupo adultos utilizando la prueba Exacta de Fisher (p <.00). El coeficiente phi (-.739, p < .01) indicaría que la fuerza de esta relación es fuerte. No se encontraron diferencias significativas entre los niños de 30 y 36 meses.

Tabla 4: Número y porcentajes de elecciones en la prueba de generalización por grupos de edad. Comparación de elecciones mediante Prueba exacta de Fisher.

GRUPOS DE EDAD	PRUEBA DE GENERALIZACIÓN				p (Prueba exacta de Fisher)
	Meta		Distractor		
	n	%	n	%	
30 meses	12	30	5	70	.000
Adultos	17	100	0	0	

Los niños de 30 meses no generalizaron el adjetivo a otro ejemplar que presentaba la misma propiedad. Para estos participantes la palabra *pompeado* posiblemente se mapeó con una categoría de objeto. Sin embargo, la información descriptiva otorgada por la experimentadora sí pareció ser decisiva para el grupo de 36 meses. Un niño manifestó en presencia del objeto con la propiedad distractora: "Éste no porque tiene otro dibujito". Una niña, por su parte, expresó: "Éste es de Jack [refiriéndose al vestido *pompeado*] y éste es de buba [refiriéndose al objeto con la propiedad distractora]". Esto señalaría que los niños pudieron reconocer que la palabra refería a una propiedad de objeto y podían clasificar a los ejemplares teniendo en cuenta los rasgos de la propiedad.

Las pistas otorgadas por parte de la experimentadora podrían considerarse una instrucción, entendiendo por instrucción cualquier información que el adulto otorgue al niño para beneficiar la comprensión simbólica y la utilización de un símbolo en una tarea particular. En este contexto, la descripción consistía en destacar la característica de la imagen, el estampado, a la cual debía mapearse la palabra. Gracias a esta pista, los participantes pudieron conectar, por un lado, la palabra con una propiedad de objeto y, por otro, la parte específica de la imagen con los detalles correspondientes de los objetos reales.

Vale destacar que los niños de 36 meses en esta condición aplicaron la palabra más allá de las categorías de objeto de nivel supraordenado. Generalizar adjetivos más allá de categorías de nivel básico es muy difícil para niños menores de 3 años (Hall y Lavin, 2004; Klibanoff y Waxman, 2000; Markman y Jaswal, 2004; Waxman y Markow, 1998) e incluso para adultos en algunas condiciones (Allopenna *et al.*, 1998; Halff *et al.*, 1976; Medin y Shoben, 1988; Pechmann y Deutsch, 1982). En los niños de 36 meses parecería que la pista utilizada (descripción de la propiedad) contribuyó a detectar las similitudes entre dos entidades muy diferentes, que comparten una única característica, ese estampado.

Los resultados de esta investigación se suman a un corpus de investigaciones que destacan la importancia de la instrucción como factor facilitador en la comprensión referencial de objetos simbólicos (por ejemplo, Peralta y Salsa, 2003, 2011; Salsa y Peralta 2005, 2007).También se alinea con teorías e investigaciones que señalan la importancia de la interacción social en el desarrollo simbólico en general y en el aprendizaje de palabras en particular (por ejemplo, Bloom, 2000; Bruner, 1983; Garton, 2001; Nelson, 1996; Tomasello, 2003; Vygotsky, 1978).

Aprendiendo un adjetivo sin sufijo

En el estudio anterior se evidenció que el grupo de niños de 36 meses transfirió la información aprendida a través de un libro con fotografías a otro ejemplar cuando contaban con información descriptiva otorgada por la experimentadora. En esta ocasión se exploró la comprensión referencial de la imagen por parte de niños y de adultos en la tarea de aprendizaje de palabras cuando se recibe descripción explícita de la propiedad pero sin sufijo adjetivador (-ado): *pompe*.

En este estudio participaron 34 sujetos: 17 niños (9 niñas, 8 niños) de 36 meses de edad (*M*: 36,06 meses) y 17 adultos (9 mujeres y 8 varones) (*M*: 28,65 años). En cada grupo los sujetos fueron asignados a dos órdenes de presentación de los estímulos. Se utilizaron los mismos materiales que en los estudios "Comparación del aprendizaje de sustantivos y adjetivos" (condición "propiedades"), "Aprendiendo un adjetivo por parte de niños y adultos" y "Aprendiendo un adjetivo con ayuda de información descriptiva".

Los procedimientos fueron equivalentes a los utilizados en el estudio "Aprendiendo un adjetivo con ayuda de información descriptiva", pero se modificó la etiqueta verbal enseñada. En la fase de entrenamiento los sujetos recibieron descripción de la propiedad pero debían aprender la palabra *pompe* (ej.: "Mirá, esto es *pompe*. Jack dice que esto es *pompe* porque tiene todos estos dibujitos. ¿Viste qué lindo es esto *pompe*?"). En las pruebas se les formuló la pregunta utilizando la etiqueta sin sufijo (ej. "¿Cuál de estos es *pompe*?"). En el caso de los adultos los procedimientos fueron modificados siguiendo los mismos criterios que en los estudios previos (ver Cuadro 2).

Para comenzar, se analizó la ejecución de los participantes por prueba dentro de cada grupo de edad: 36 meses y adultos. Luego, se comparó la ejecución entre los grupos de edad en cada una de las pruebas.

Prueba imagen-objeto

En este caso los participantes optaban entre la imagen del objeto *pompe* y el objeto *pompe* real. En el grupo de 36 meses, 8 niños (47%) eligieron la imagen, 4 (24%) optaron por el objeto y 5 (29%) por ambos, preferencia atribuible al azar, X^2 (2,N=17)= 1.52,p> .05. En el grupo de adultos, 7 participantes seleccionaron la imagen (41%), 2 el objeto (12%) y 8 (47%) ambas opciones. La tendencia también fue aleatoria, X^2 (2,N=17)= 3.64,p< .05.

En concordancia con los resultados de los estudios previos, para los niños y los adultos tanto la imagen como el objeto pueden ser conectados con la palabra *pompe*.

Prueba de control

Los sujetos elegían entre la imagen del objeto *pompe* y el objeto con la propiedad distractora. En ambos grupos, los participantes indicaron en su mayoría la imagen del objeto con la propiedad meta, y la elección fue superior a los niveles del azar: en el grupo de 36 meses, 15 sujetos (88%), X^2 (1,N=17)= 9.92,p< .01; en el grupo de adultos, 17 participantes (100%).

Los resultados indicarían que los participantes de ambos grupos establecieron durante la fase de enseñanza la conexión entre la palabra que denota la propiedad *pompe* y la imagen, y pudieron realizar una elección basados en ese conocimiento.

Prueba de extensión

La dicotomía se establecía entre el objeto *pompe* y el objeto con la propiedad distractora. La mayoría de los niños optó por el objeto meta: en el grupo de 36 meses, 15 (88%), mientras que 1 participante (6%) señaló al

objeto distractor, y otro participante (6%) ambos objetos. Esta ejecución no fue efecto del azar, X^2 (2,N=17)=
23.05,p< .01. En cuanto al grupo de adultos, el 100%
eligió el objeto meta.

Los resultados de esta prueba indicarían que los
participantes realizaron una conexión entre la imagen, la
palabra y luego el referente. Sin embargo, como se dijo en
estudios previos, esto no significa que los sujetos hayan
detectado que el referente específico era una propiedad
de objeto. Pueden haber relacionado la palabra *pompe*
con una categoría de objeto, y relacionar la totalidad de
la imagen con el objeto completo.

Prueba de generalización

Para resolver la tarea los participantes debían optar
entre un nuevo ejemplar *pompe* y el objeto con la propiedad distractora. En el grupo de 36 meses, 13 niños (76%)
seleccionaron el nuevo ejemplar con la propiedad meta
y 4 (24%) el ejemplar con la propiedad distractora. La
elección superó los niveles de azar, X^2 (1,N=17)= .50,p<
.05. En cuanto al grupo de adutos, 11 (65%) escogieron
al objeto que presentaba la propiedad meta, mientras
que 6 participantes (35%) alegaron que ninguna de las
opciones correspondían al objeto *pompe*. Al igual que en
estudio anterior se establecieron las categorías de correc-
to e incorrecto. Se clasificó como correctas las elecciones
del nuevo ejemplar del objeto meta y como incorrectas
las respuestas que no evidenciaron generalización. En
el caso de los niños, se consideró como incorrecta la
elección del objeto con la propiedad distractora. En el
caso de los adultos se consideró incorrecta la ausencia
de elección.

Gráfico 9: Porcentaje de las elecciones de los participantes por grupo de edad en la prueba de generalización.

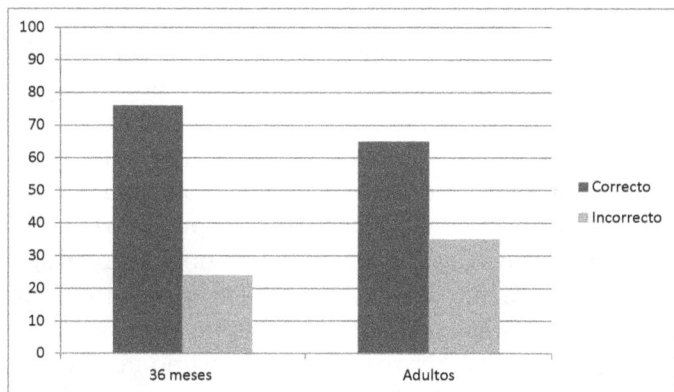

Se compararon las respuestas correctas e incorrectas entre los grupos de edad grupo utilizando la prueba exacta de Fisher ($p > .05$), prueba que no arrojó diferencias estadísticamente significativas.

El grupo de niños generalizó la palabra *pompe* a otro ejemplar que presentaba la propiedad. Los niños parecían reconocer claramente el referente (propiedad de objeto) y pudieron diferenciarlo de la propiedad distractora. Un participante manifestó señalando al objeto con la propiedad distractora: "Éste, ¿no ves que tiene esas cositas?" Una niña señaló los lunares para explicitar su elección, y un niño dijo: "Éste porque tiene estos puntitos". Una participante repetía en presencia del objeto con la propiedad distractora: "Éste no es *pompe*". Los participantes detectaron cuál era el referente seguramente gracias a las descripciones de la experimentadora. La ausencia de un sufijo que especifique de qué tipo de palabra se trata no pareció tener ningún efecto en este grupo.

Por el contrario, el grupo de adultos no mostró una ejecución superior a los niveles del azar en la prueba de generalización. Algunos encontraban claramente el referente, como una joven de 21 años: "Porque tiene esto [señalando los cuadros]", y otra de 29 años: "La flor porque tiene los circulitos". Otros participantes se mostraban confundidos durante la prueba, por ejemplo uno de ellos manifestó: "¿*Pompe* como adjetivo o como sustantivo?" Seis participantes no reconocieron al objeto con la propiedad meta y manifestaron que ninguna opción era válida. Los dichos de estos sujetos parecían indicar que consideraron al *pompe* como el nombre propio del caballo. Por ejemplo, un participante de 27 años: "El *pompe* es el caballo, es un caballo particular, como un personaje, tipo Ico".

Se ha destacado que a medida que el ser humano va adquiriendo mayor conocimiento de su lengua puede basarse en ese conocimiento para acceder a la conexión entre una palabra y su significado (por ejemplo, Tomasello, 2003; Gleitman, 1990; Waxman y Lidz, 2006). En el contexto de la tarea pareció no ser sencillo distinguir la forma gramatical a la cual correspondía la palabra, en este caso un adjetivo, en base a pistas lingüísticas. Esto se debió no sólo a que a la morfología de la palabra no era precisa, sino también a que la sintaxis de la frase en la cual estaba enmarcada era ambigua. Se les decía a los participantes: "Esto es un caballo *pompe*". Aquí la palabra *pompe* podría referir al nombre del caballo y por tanto esa palabra se relacionaría con un sustantivo propio. Se ha demostrado que las construcciones gramaticales ambiguas pueden dificultar el establecimiento de relaciones referenciales entre adjetivos y propiedades de objeto (Gathercole y Min, 1997; MacWhinney y Snow, 1990; Waxman y Guasti, 2009; Waxman *et al.*, 1997).

Vale aclarar que todos los adultos que manifestaron este patrón de elección estaban distribuidos en el orden de presentación 1, en el cual aprendían la palabra *pompe* aplicada al caballo a lunares, un animal. Este grupo estaba compuesto por 8 participantes y 6 no lograron la generalización. Por el contrario, los 9 participantes que debían aplicar la palabra *pompe* al cuadriculado presente en el tren (un medio de transporte) resolvieron la tarea correctamente. Esto podría deberse al impacto del tipo de sustantivo al cual debe aplicarse el adjetivo, variable que demostró ser desisiva a la hora de aprender adjetivos en la primera infancia (Graff, 2000; Hall y Waxman 1993; Hall, *et al.*, 1993; Kennedy, 1997; Kennedy y MacNally, 2005; Rotstein y Winter, 2004). Mientras que es muy usual que un caballo, o cualquier tipo de animal, tenga un nombre, es sumamente improbable para los adultos que un tren sea personificado y sea bautizado con un nombre propio.

Los niños, por su parte, no parecieron verse afectados por la morfología de la palabra, resultado afín con estudios que desestimaron el impacto de esta variable en la adquisición temprana de adjetivos en niños hablantes del idioma inglés (Booth y Waxman, 2009). Estos participantes tampoco se vieron afectados por la ambigüedad de la sintaxis, siendo consecuentes con estudios que señalan que los niños no se basan en pistas sintácticas para detectar los significados de las palabras hasta conocer en profundidad su lengua (Hall y Waxman 1993; Hall *et al.*, 1993).

Los resultados de este estudio no concuerdan con la hipótesis que suponía que los niños se verían afectados por la morfología ambigua de la palabra, mientras que para los adultos esta variable no tendría ningún efecto. Podría pensarse que en este contexto "menos es más". Al no tener un conocimiento específico acerca de cómo se espera que sean ciertas palabras en su lengua y de cómo estas palabras se combinan en estructuras sintácticas, los niños se basan en otro tipo de pistas para detectar significados, se guían por indicios extraídos de la interacción. Este desconocimiento puede ser considerado como un déficit para acceder a algunos aprendizajes, pero aquí significó una fortaleza y les otorgó a los participantes mayor flexibilidad. Los adultos, por el contrario, parecieron basarse en pistas lingüísticas, específicas a ese sistema simbólico, el lenguaje, desestimando pistas más generales. Esto indicaría que el conocimiento acerca del lenguaje, si bien puede ser muy útil en muchos contextos de aprendizaje, aquí dificultó el acceso desde la palabra al referente (propiedad de objeto).

Aprendiendo un adjetivo con distintas ayudas: sufijo o información descriptiva

Los resultados de los estudios anteriores señalan que los niños de 36 meses de edad extendieron la palabra aprendida a otro objeto que compartía una propiedad referida si contaban con información descriptiva por parte de la experimentadora. La ausencia de sufijo adjetivador no pareció afectar a este tipo de aprendizajes. En el presente estudio se contrastó el impacto de dos variables: las características de la etiqueta verbal y la información proporcionada a los niños. Así se construyeron tres condiciones experimentales: sin descripción y con sufijo, con descripción y con sufijo, y con descripción y sin sufijo.

En este estudio participaron 51 niños (26 niñas, 25 niños) de 36 meses de edad (M: 36,08 meses) distribuidos en las tres condiciones experimentales: con descripción y con sufijo, con descripción y sin sufijo, y sin descripción y con sufijo. En cada grupo los sujetos fueron divididos en dos órdenes de presentación de los estímulos.

Los materiales fueron idénticos a los utilizados en los estudios "Comparación del aprendizaje de sustantivos y adjetivos" (condición "propiedad"), "Aprendiendo un adjetivo por parte de niños y adultos", "Aprendiendo un adjetivo con ayuda de información descriptiva" y "Aprendiendo un adjetivo sin sufijo".

Los procedimientos utilizados se describen a continuación:

Sin descripción y con sufijo adjetivador: Los participantes aprendieron la palabra *pompeado* sin recibir descripción de la propiedad (por ejemplo: "Este es un caballo *pompeado*. ¿Viste que lindo? Jack dice que es *pompeado*"). Este procedimiento es equivalente al utilizado en los estudios "Comparación del aprendizaje de sustantivos y adjetivos" (condición "propiedad") y "Aprendiendo un adjetivo por parte de niños y adultos".

Con descripción y con sufijo adjetivador: Los participantes que aprendieron la palabra *pompeado* recibiendo información descriptiva acerca de las características de la imagen a la cual el niño debía mapear la etiqueta (por ejemplo: "Este es un caballo *pompeado*. Es *pompeado* porque tiene todos estos dibujitos."). Este procedimiento fue equivalente al desarrollado en el estudio

"Aprendiendo un adjetivo con ayuda de información descriptiva".

Con descripción y sin sufijo adjetivador: Los niños aprendieron la palabra *pompe* recibiendo información descriptiva por parte de la experimentadora (ej: "Este es un caballo *pompe*. Es *pompe* porque tiene todos estos dibujitos."). El procedimiento es equivalente al utilizado en el estudio "Aprendiendo un adjetivo sin sufijo".

Una explicación más detallada acerca de los procedimientos puede encontrarse en la Cuadro 4.

El objetivo de este estudio fue determinar qué tipo de pista, presencia de sufijo adjetivador o información descriptiva por parte de la experimentadora, es más efectiva para ayudar a los niños pequeños a aprender un adjetivo. En primera instancia, se compararon las elecciones de los niños que aprendieron la palabra con sufijo, *pompeado,* cuando recibían información descriptiva en relación con la propiedad y cuando no recibían información de ningún tipo. El objetivo fue evaluar el impacto de la variable "tipo de información" sobre la *performance* de niños de 36 meses. Luego se cotejaron las respuestas de los niños que aprendieron la palabra con sufijo, *pompeado*, con las elecciones de los participantes que aprendieron la palabra sin sufijo, *pompe*. Esta comparación buscó indagar los efectos de la variable "tipo de etiqueta" sobre la ejecución de los niños en las tareas experimentales.

Se encontraron diferencias significativas al comparar las condiciones con y sin descripción en la prueba de generalización utilizando la Prueba Exacta de Fisher ($p < .01$). El coeficiente phi encontrado (-.765, $p < .01$) indicaría que la fuerza de esta relación es fuerte. No se encontraron diferencias significativas en la prueba imagen-objeto, en la prueba de control, ni en la prueba de extensión.

Las diferencias significativas en esta la tarea de generalización muestran que la instrucción del adulto fue crucial para que los niños detectasen la conexión entre un adjetivo, una parte de la imagen y la propiedad de objeto a la cual estas entidades refieren. Gracias a esta pista los niños pudieron generalizar la palabra *pompeado* más allá de la categoría de nivel básico, desafío complejo no sólo para niños pequeños (Hall y Lavin, 2004; Klibanoff y Waxman, 2000; Markman y Jaswal, 2004; Waxman y Markow, 1998) sino también para adultos (Allopenna *et al.*, 1998; Halff *et al.*, 1976; Medin y Shoben, 1988; Pechmann y Deutsch, 1982).

Como se destacó en el "Aprendiendo un adjetivo con ayuda de información descriptiva", los resultados que aquí se presentan son consecuentes con investigaciones que han explorado el rol de la instrucción en el establecimiento de conexiones referenciales entre distintas entidades (por ejemplo, Peralta y Salsa, 2003, 2011; Salsa y Peralta 2005, 2007), y con desarrollos teóricos que han destacado la importancia de factores sociales en el desarrollo del lenguaje (por ejemplo, Bloom, 2000; Bruner, 1983; Garton, 2001; Nelson, 1996; Tomasello, 2003; Vygotsky, 1978).

No se encontraron diferencias significativas en ninguna de las pruebas (imagen-objeto, objeto real, extensión y generalización) al comparar las condiciones con sufijo y sin sufijo. Vale recordar que los niños en estas condiciones recibían información descriptiva por parte de la experimentadora. Parecería ser que, siempre y cuando el niño reciba información descriptiva, la morfología de la palabra no tiene ningún impacto en la comprensión referencial del adjetivo. Como se dijo en el estudio "Aprendiendo un adjetivo sin sufijo", los niños, al no conocer en profundidad su lengua, no se verían afectados por variables lingüísticas como la morfología del adjetivo aprendido y el lugar que esta palabra ocupa en la sintaxis de la frase.

En suma, los resultados de este estudio en particular y los hallazgos encontrados en este capítulo de investigación en su conjunto parecerían indicar que en el tipo de información otorgada a los niños en el contexto de enseñanza de un adjetivo es crucial para acceder a su compresión referencial. Estas pistas resaltan las analogías entre partes de las imágenes y partes de los objetos, para detectar que estas entidades comparten la misma propiedad de objeto. Paradójicamente, los niños de estas edades, posiblemente por no poseer un conocimiento profundo acerca de su lengua, no se verían afectados por variables lingüísticas.

CONCLUSIONES

Nuestra experiencia cotidiana es un entramado de múltiples símbolos que se superponen, se complementan y, a veces, se contradicen. Se constituye como un reto cotidiano para nosotros comprender e integrar todas las representaciones simbólicas que habitan a nuestro alrededor. A los niños les depara un doble desafío, ya que deberán desarrollar la comprensión referencial de los diferentes sistemas de símbolos y además aprender a integrar estos sistemas de manera flexible. En este sentido, el objetivo de la presente investigación fue explorar la comprensión referencial de imágenes y de palabras. Si bien estudios previos han indagado la comprensión de distintos símbolos por separado, su abordaje en conjunto es poco frecuente.

En el recorrido teórico que realizamos en este libro intentamos apartamos de la idea clásica que sostiene que las palabras son las entidades simbólicas más importantes en el mundo humano. Del mismo modo, tampoco nos sentimos plenamente representados por la frase "una imagen vale más que mil palabras". Estos dos símbolos, palabra e imagen, son herramientas fundamentales para el desarrollo pleno del ser humano y hacen nuestra vida rica, interesante y llena de matices.

En este contexto consideramos a los símbolos como "algo que alguien tiene la intención de poner en el lugar de otra cosa" (DeLoache, 2004: 66). En esta definición pueden incluirse gran cantidad de representaciones, lo que pone de relieve que las posibilidades de simbolización del ser humano son infinitas y cualquier cosa, existente o creada para ese fin, dentro de nuestro mundo mental o fuera de él, puede convertirse en un símbolo. También esta definición pone el foco en el rol comunicacional de los símbolos, en los que subyace la intención de conectarnos con los demás, con nosotros mismos y con el mundo que nos rodea.

Asimismo, explicamos qué entendemos por función referencial. Este concepto funcionó como un constructo operacional, que nos ayudó a articular la teoría y a interpretar los datos encontrados en la investigación. Intentamos diferenciarlo del clásico concepto de función simbólica. Se basa en la premisa de que todos los símbolos comparten una característica: todos refieren. El hecho de que esta función referencial pueda reconocerse en distintos dominios y microdominios simbólicos no implica que se desarrolle de igual manera a través de todos ellos, sino que en cada uno requiere de habilidades específicas, que se ven afectadas por variables particulares.

En el caso de las imágenes, las consideramos objetos simbólicos, símbolos permanentes, que se despliegan en el espacio. Tienen una doble naturaleza: una realidad material y un estatuto representacional. Un desafío sumamente importante para los niños pequeños es adquirir la capacidad de mantener una doble representación. Siguiendo a Callaghan (2008), planteamos que el desarrollo simbólico de la comprensión y la utilización de imágenes atravesaría tres fases. Primero, los niños transitarían una fase precursora, luego una fase de inicio o simbólica propiamente dicha y, por último, una fase de perfeccionamiento. Nos focalizamos en la segunda fase, en la cual el niño comenzaría a comprender la función referencial de estas representaciones, poniendo el acento en dos variables importantes que impactan en la comprensión referencial en esta etapa: la similitud perceptual y la instrucción.

En lo que concierne al aprendizaje de palabras, consideramos que en este proceso entran en juego tanto capacidades cognitivas individuales como factores contextuales. Pensamos que los niños llegan al mundo preparados para aprender el significado de las palabras; sin embargo, al tratarse de construcciones sociales, no podrán hacerlo fuera de la interacción con otros miembros de la cultura.

También hicimos un breve recorrido acerca de la adquisición y el aprendizaje de sustantivos y adjetivos. Acordamos con la idea, sustentada por múltiples investigaciones, que unir un adjetivo con su referente, una propiedad, es más tardío que vincular un sustantivo con su referente, una categoría de objeto. Este fenómeno puede deberse a que comprender el significado de un adjetivo requiere utilizar información lingüística específica, como la estructura sintáctica de la frase y el contenido semántico de las palabras que lo acompañan en una oración.

Para responder las preguntas de esta investigación desarrollamos una serie de cuasi experimentos consistentes en enseñar una palabra novedosa, inventada, a niños y a adultos. Tomamos como modelo para diseñar nuestro método los procedimientos delineados por Ganea y colaboradores (2008, 2009), quienes utilizaban un libro para enseñar una nueva palabra. La utilización de un libro en la interacción brindó la posibilidad de darle un contexto más natural a la tarea.

Un logro central en relación con la comprensión referencial es entender que las personas y los objetos presentes en las imágenes existen en la realidad, es decir, que las imágenes nos vienen a mostrar algo acerca del mundo. En estos contactos, los padres y los adultos en general presuponen que los niños están adquiriendo algún aprendizaje, por ejemplo, el aprendizaje del léxico. Si bien se ha investigado ampliamente este tipo de interacciones, sobre todo en cuanto a sus características como un dispositivo de aprendizaje, son escasos los estudios que han explorado qué tipo de imágenes facilitan o no estos aprendizajes.

Tomamos tres decisiones metodológicas importantes. Por un lado, incluimos un títere en la interacción con los niños. Esta inclusión se debió a dos factores. En primer lugar, intentamos que la tarea fuera atractiva para los participantes. Este personaje capturó la atención de los niños y posibilitó que interactuaran con mucha soltura. Además, la inclusión del títere nos ayudó a enseñar las nuevas palabras en un contexto en el cual se pusiera de relieve el carácter intencional de las imágenes utilizadas. Presentamos al muñeco productor y dueño de las imágenes y los objetos.

La segunda decisión giró en torno a las características de las palabras que enseñamos en la interacción. Al revisar la literatura existente, encontramos trabajos en idioma inglés en el cual se enseñaba a los niños palabras con estructuras anglosajonas, tales como *"whisk"* y *"blicket"*. Nos pareció propicio modificar estas palabras, de modo de emplear estructuras que combinaran fonemas más frecuentes en idioma español. Por eso utilizamos dos términos, *pompe* y *pompeado*, palabras que fonológicamente se corresponden con el español.

Otra decisión importante tomada en el curso del trabajo fue incluir sujetos adultos en esta investigación.

Tal estrategia no es usual en psicología del desarrollo, aunque es una tendencia que actualmente se está implementando y significó un desafío a la hora de adaptar los procedimientos. Esta idea surgió a partir de preguntas en relación con el diseño de las tareas y la interpretación de los resultados. Cuando un investigador explora el desarrollo de una determinada función cognitiva o habilidad, diseña una tarea, suponiendo cuál sería la ejecución óptima. Si el niño no cumple con los criterios, se dirá que éste no ha adquirido tal o cual función, no puede desplegar tal habilidad, etc. Pero ¿qué haría un adulto en una situación similar?

En esta investigación exploramos, por un lado, la comprensión referencial de imágenes y de palabras que refieren a categorías de objeto. Es decir que enseñamos un sustantivo a través de una imagen que representaba un objeto desconocido. En este contexto trabajamos con niños de dos años y medio, con niños de tres años y con sujetos adultos. Nos propusimos estudiar el impacto de la similitud perceptual entre la imagen y el objeto representado en ella, sobre la tarea de aprendizaje de palabras. Para este fin creamos dos libros con imágenes, uno con fotografías y otro con bocetos.

Nuestros resultados cuestionaron una prueba clásica para explorar la función referencial (Pressley y Carey, 2004), en la que está implícita la idea de que el referente privilegiado de los sustantivos es un objeto real. No encontramos esta preferencia por el objeto ni en los adultos ni en los niños que aprendieron la palabra a través de una fotografía. Consideramos que las palabras son medios simbólicos tan ricos que pueden aplicarse a múltiples objetos, relaciones entre entidades, eventos, conceptos abstractos, otras palabras, imágenes diversas, etc.

En este sentido, la prueba privilegiada para estudiar la comprensión referencial de sustantivos e imágenes en este contexto sería la prueba de *generalización*, tarea que exploró la posibilidad de transferir la palabra aprendida a distintos miembros de una misma categoría de objeto. Esta interpretación se sustenta en el hecho de que tanto los sustantivos como las imágenes, incluidas en el contexto de un libro, son representaciones genéricas, que no remiten a un objeto en particular sino a una categoría de objeto. Por lo tanto, reconocer otros ejemplares de la misma categoría indicaría una comprensión referencial de estas entidades.

Esta investigación, además, aporta evidencia empírica acerca de la similitud perceptual como una variable que impacta en la comprensión referencial de imágenes a edades tempranas. Los niños de dos años y medio vincularon fuertemente la palabra *pompe* al boceto que se había utilizado en la fase de enseñanza. Las imágenes de bajo nivel de iconicidad, como los bocetos, dificultarían el acceso desde la imagen al objeto reflejado en ella. Sin embargo, los participantes aplicaron el nombre a otro ejemplar de la misma categoría en la prueba de generalización.

Interpretamos esta discrepancia aludiendo al diseño de la tarea. En ella, los niños tenían la posibilidad de realizar sucesivas comparaciones: tenían que reconocer en primera instancia un *pompe* del mismo color que el dibujado en el boceto (rojo), para luego extender el nombre a un objeto concreto (*pompe* rojo real). Por último, debían generalizar la palabra aplicándola a otro ejemplar, un *pompe* azul. Cabe aclarar que el orden de presentación de las pruebas pudo haber otorgado mayores oportunidades de aprendizaje. En efecto, los niños pudieron haber relacionado en un principio el boceto con un *pompe* rojo, estableciendo esta relación analógica basándose en el color. Luego, al ver el *pompe* azul, los niños pudieron haber establecido una segunda relación analógica entre ambos objetos concretos, basados en sus múltiples similitudes físicas, a excepción de su color. Este aspecto quizás debería tenerse en cuenta a la hora de diseñar tareas similares en futuros estudios.

Sin embargo, la similitud perceptual no pareció afectar la comprensión referencial ni en niños de tres años ni en adultos. Estos datos se alinean con numerosas investigaciones (Callaghan, 2000; DeLoache, 1995, 2002; DeLoache *et al.*, 1998; Ganea *et al.*, 2008) que señalan que los niños hasta dos años y medio de edad se apoyan fuertemente en pistas perceptuales para reconocer la relación entre dos entidades, mientras que niños mayores requieren en menor medida estas pistas.

Vale aclarar que los resultados no se interpretaron solamente teniendo en cuenta la iconicidad. Pensamos que estas imágenes también se diferencian en su modo de producción. El proceso de creación de las imágenes dice mucho acerca de la relación que éstas entablan con su referente. Mientras que las fotografías requieren de la presencia de un objeto real a la hora de ser tomadas, los dibujos podrían basarse en recuerdos e ideas, sin necesidad de contar con un modelo para su elaboración. Esto podría ocasionar que sea más sencillo conectar a las fotografías con sus referentes, objetos reales.

En su conjunto, la evidencia encontrada brinda apoyo empírico a la idea de que el realismo de los libros de imágenes es importante en los procesos de enseñanza-aprendizaje de niños pequeños. Este punto no es tan trivial ni tan obvio como puede parecer en primera

instancia, ya que muchos libros infantiles utilizan caricaturas muy alejadas de los caracteres que se supone
representan, tales como animales con atributos antro-
pomórficos (perros hablando, ratones cocinando, etc.) o,
incluso, seres irreales. La utilización de este tipo de libros
puede ser muy entretenida y propicia para estimular la
imaginación infantil. Sin embargo, a la hora de diseñar
estrategias de enseñanza dirigidas a niños pequeños, lo
adecuado sería emplear imágenes más realistas.

En este sentido surgen preguntas que pueden fe-
cundar nuevas investigaciones. ¿A qué nos referimos
cuando decimos contenidos realistas? Es posible que no
sólo sea beneficioso que se utilicen un tipo particular de
imágenes, sino que también haya que prestar atención
al contexto en el que se presentan dichas entidades. En
la mayoría de los libros infantiles y videos didácticos, la
información se estructura en contextos irreales. Por ejemplo, distintos animales ayudan a los niños a aprender
los nombres de los animales de la granja, de los colores,
las frutas y los medios de transporte. ¿Pueden los niños
en este contexto realizar aprendizajes transferibles a su
vida cotidiana?

Otro objetivo central de esta investigación fue estudiar la comprensión referencial de adjetivos referentes a
una propiedad visual. Por un lado, exploramos el impacto
de la información descriptiva provista a lo largo de la
prueba; por otro lado, estudiamos si la morfología de
la palabra enseñada (que esté o no estructurada como
un adjetivo) afectaba la detección del referente. En este
caso, consideramos que estas palabras y las imágenes
serían representaciones genéricas de una propiedad.

Comparamos el aprendizaje de sustantivos y de
adjetivos por parte de niños de tres años utilizando un

libro con fotografías como medio para el aprendizaje. Los resultados reflejaron que, mientras los niños de tres años aprendieron el sustantivo y lo aplicaron a otro miembro de la categoría de objeto, no mostraron respuestas referenciales al aprender adjetivos. Los niños aprendían la palabra *pompeado,* la repetían y reconocían tanto la fotografía que se había vinculado a esta palabra en la fase de enseñanza, como el objeto que ésta reflejaba. No obstante, los participantes vincularon esta palabra con la totalidad del objeto y no específicamente con su propiedad. Este sesgo, dar por sentado que el referente de una palabra es un objeto completo y no una propiedad, ha sido ampliamente documentado en tareas de adquisición de palabras (por ejemplo, Gentner, 1982, 1990, 2006; Markman, 1987, 1989).

A partir de la comparación del aprendizaje de un adjetivo por parte de niños y de adultos, este estudio también evidenció que la imposibilidad de conectar un adjetivo con una propiedad en este contexto se debía a las características del momento evolutivo de los niños de tres años, y no a un problema en el diseño de la tarea.

Al observar que los niños no conectaban el adjetivo *pompeado* con la propiedad, decidimos darles pistas específicas que pusieran en evidencia cuál era el referente de esta palabra. Las pistas otorgadas pueden ser consideradas como un tipo de instrucción, entendiendo por instrucción cualquier información que el adulto otorgue al niño para beneficiar la comprensión simbólica y la utilización de un símbolo en una tarea. En este contexto, la pista consistía en describir y destacar la característica de la imagen a la que debía vincularse la palabra, el estampado. Además, y debido a la facilitación de la tarea, incluimos un grupo de niños más pequeños, quedando así constituidos tres grupos de edad: dos años y medio (30 meses), tres años (36 meses) y adultos.

Hallamos que, a pesar de haber recibido la información descriptiva, los niños de dos años y medio no transfirieron la palabra aprendida a otro ejemplar con la misma propiedad. Por el contrario, esta ayuda fue crucial para que los niños de tres años aplicaran el adjetivo aprendido a un nuevo objeto que compartía la propiedad. Es importante destacar que los niños generalizaron el adjetivo aplicado a un objeto (un caballo *pompeado*) a otros objetos que compartían la propiedad (*pompeado*), pero que no eran caballos, ni siquiera animales. Lograr este patrón de generalización ha demostrado ser muy difícil incluso para adultos.

Otro interrogante que intentamos responder en esta investigación fue si los niños de tres años y los adultos detectarían el referente de un adjetivo, es decir la propiedad, si recibían descripción pero se les retiraba la pista del sufijo adjetivador. En este caso, los participantes aprendieron la palabra *pompe*, pero utilizada como adjetivo. En nuestra vida cotidiana aprendemos y utilizamos muchos adjetivos que tiene una estructura particular, es decir que terminan en -ado, -oso, etc., sufijos que indican claramente de qué tipo de palabra se trata (por ejemplo, salado, ocioso). Sin embargo, muchos de los adjetivos que usamos no tienen esta pista (por ejemplo, naranja, fino, suave).

Nos encontramos con resultados inesperados. Los niños de tres años no se vieron afectados por la ausencia de esta pista, el sufijo. Estos participantes relacionaron la palabra *pompe* con la propiedad, transfiriéndola a otro objeto que poseía dicha propiedad, es decir, aplicando el adjetivo a objetos de distintas categorías de nivel supraordenado (animales, medios de transporte, vestimenta, plantas). Por el contrario, algunos adultos parecieron no comprender que la palabra *pompe* se refería a una propiedad. Estos sujetos no consideraban al *pompe* como un sustantivo común, sino como un sustantivo propio, como el nombre del ejemplar.

Vale recordar que en estos estudios a la mitad de los participantes se les enseñaba el adjetivo *pompe* en relación con un caballo ("Este caballo es pompe") y a la otra mitad en relación con un tren ("Este tren es pompe"). Todos los adultos que no lograron la generalización del adjetivo habían aprendido la palabra *pompe* aplicada a un caballo. Este resultado podría deberse a que en el mundo adulto los animales, y no los artefactos, son los que suelen recibir un nombre propio. Además, la palabra *pompe* no sólo era ambigua, también lo era la sintaxis de la frase en la cual se enmarcaba, la que podía dar a entender que el nombre del caballo era *Pompe*. Los participantes escuchaban: "Este caballo es Pompe".

Interpretamos estos resultados sugiriendo que los adultos, al conocer más en profundidad su lengua materna, se guían por variables lingüísticas para detectar referentes; en este caso, la morfología de la palabra, la sintaxis de la frase y el contenido semántico de las palabras que la acompañan. Por el contario, los niños, al no tener esos conocimientos, deben echar mano a las pistas que efectivamente pueden utilizar con mucha habilidad, es decir, pautas pragmáticas extraídas de la interacción comunicativa con el adulto (la descripción de la propiedad). Podría pensarse que en este contexto menos es más: la adquisición de habilidades más complejas resta flexibilidad para la ejecución de la tarea. Cabe destacar que no podríamos haber arribado a esta conclusión si no hubiéramos incluido participantes adultos en la interacción.

Por otro lado, comparamos el aprendizaje de adjetivos por parte de niños de tres años en tres condiciones que combinaban las dos pistas propuestas: sufijo y descripción. En una primera comparación, exploramos el impacto del sufijo en la comprensión referencial de adjetivos. Observamos que los niños no se vieron afectados por esta variable. Concretamente, era lo mismo para ellos aprender el adjetivo *pompe* que *pompeado*. Por el contrario, la información descriptiva pareció tener un efecto crucial. Este hallazgo se alinea con otras investigaciones que han mostrado la importancia de la instrucción del adulto en el establecimiento de conexiones referenciales entre distintas entidades (por ejemplo, Peralta y Salsa, 2003, 2011; Peralta, Salsa, Maita y Mareovich, 2012; Salsa y Peralta 2005, 2007), y con desarrollos teóricos que han destacado la importancia de factores sociales en el desarrollo del lenguaje (por ejemplo, Bloom, 2000; Bruner, 1983; Garton, 2001; Nelson, 1996; Tomasello, 2003; Vygotsky, 1978).

La investigación realizada, en su conjunto, nos ayudó a preguntarnos acerca de la estructura de la mente humana y su desarrollo. En este sentido, encontramos evidencia que señalaría, en sintonía con ideas ampliamente aceptadas en psicología cognitiva (Karmiloff-Smith, 1994), que la mente humana transitaría un proceso de especialización o "modularización". En lo que hace a la función referencial, los resultados de los estudios llevados a cabo estarían indicando que en esta función entran en juego mecanismos específicos y generales. Además, esta función se va modificando a lo largo del tiempo.

Específicamente, en este contexto se reflejó de qué manera los aprendices de una lengua comenzarían detectando referentes gracias a la guía e instrucción que les brinda un adulto en interacción. Esto estaría posibilitado por la capacidad de detectar la intención comunicativa de los demás. Aparentemente, a medida que el hablante va adquiriendo conocimiento específico acerca de su lengua, comenzaría a darle relevancia a habilidades y conocimientos específicos, detectando claves lingüísticas y asignado menor importancia a los datos que pudieran recibir en un contexto de interacción.

Vale aclarar que consideramos que este patrón responde a diferentes estilos cognitivos, y que ninguno de ellos es mejor o preferible que el otro. En algunos contextos, cuando las pistas lingüísticas son pobres, quizás resulte beneficioso priorizar la interacción; en otros, puede ser favorable apelar al conocimiento lingüístico. El conocimiento sobre la lengua incrementa nuestras posibilidades de aprender cada vez más palabras y estructuras complejas. Pero ¿quiénes serían más flexibles, los niños o los adultos? La respuesta a esta pregunta dependerá del contexto en el que se realiza el aprendizaje y del contenido que haya que aprender.

La inclusión de sujetos adultos en esta investigación posibilitó darle una mirada más holística a los datos encontrados, dado que permitió identificar diferencias en la comprensión referencial en distintas etapas del desarrollo humano. Asimismo, la utilización de imágenes y de palabras, dos tipos de símbolos que usualmente se estudian por separado, contribuyó a pensar la capacidad simbólica como un todo interrelacionado y no como habilidades y procesos estancos.

Este trabajo aporta evidencia a la idea de que el desarrollo es un proceso dinámico, un interjuego de mecanismos específicos y generales, un despliegue de habilidades individuales en un contexto de interacción social. Consideramos a niños y adultos como sujetos activos en sus aprendizajes, flexibles, que pueden utilizar diferentes habilidades y mecanismos en contextos diversos. Cada etapa del desarrollo marcaría ciertos estilos, determinadas preferencias por utilizar unas habilidades y no otras, lo que nos invita a corrernos del lugar común de concebir a los niños como sujetos a quienes les falta atravesar un camino hacia un punto ideal del desarrollo, que por lo general está identificado con las habilidades de los adultos.

Es preciso destacar el rol del contexto social en el desarrollo cognitivo y en el aprendizaje. Los resultados mostraron cómo los niños pueden ser guiados por las explicaciones descriptivas de los adultos, accediendo a una comprensión referencial, la cual no habrían logrado sin estas claves. Es decir, si bien creemos que es sumamente importante que se estudien en profundidad las habilidades individuales, no hay que olvidar que el ser humano es un ser cultural y social.

Para finalizar, podemos reflexionar que este trabajo nos proporcionó algunas respuestas y muchos interrogantes. Consideramos a esta investigación como un punto de partida más que como un sitio de arribo. Nos invitó a pensar no sólo acerca del despliegue de habilidades específicas, sino también acerca del funcionamiento de la mente humana en su conjunto. Trataremos de acercarnos a los múltiples interrogantes en futuras investigaciones, en el camino apasionante que nos depara la investigación científica en psicología del desarrollo.

BIBLIOGRAFÍA

Allopenna, P., Magnuson, J., y Tanenhaus, M. (1998). "Tracking the time course of spoken word recognition using eye movements: Evidence for continuous mapping models", *Journal of Memory y Language*, 38 (4), pp. 419-439.

Arunachalam, S. y Waxman, S. (2010). "Language and conceptual development", *Wiley Interdisciplinary Reviews: WIRE's Cognitive Science*, 1 (4), pp. 548-558.

Au, T., Dapretto, M. y Song, Y. (1994). "Input versus constrains: Early word acquisition in Korean and English", *Journal of Memory and Language*, 33 (5), pp. 567-582.

Barrera, M. y Maurer, D. (1981). "Recognition of mother's photographed face by the three-month-old", *Child Development*, 52, pp. 714-716.

Bassano, D. (2000). "Early development of nouns and verbs in French: Exploring the interface between lexicon and grammar", *Journal of Child Language*, 27, pp. 521-559.

Beilin. H., y Pearlman, E. (1991). "Children's iconic realism: Object vs. property realism", en H.W. Reese (ed.), *Advances in child development and behavior*, Nueva York: Academic Press, vol. 23, pp. 73-111.

Bloom, P. (2000). *How children learn the meanings of words*. Cambridge: MIT Press.

— (2001). "Precis of how children learn the meanings of words", *Behavioral and Brain Sciences*, 24, pp.1095-1103.

Bloom, P. y Markson, L. (1998). "Intention and analogy in children's naming of pictorial representations", *Psychological Science,* 9, pp. 200-204.

Booth, A. y Waxman, S. (2009). "A horse of a different color: Specifying with precision infants' mappings of novel nouns and adjectives", *Child Development,* 80 (1), pp. 15-22.

Bruner, J. (1983). *Child's talk: Learning to use language.* Nueva York: Norton.

Callaghan, T. (1997). "Children's judgments of emotions portrayed in museum art", *British Journal of Developmental Psychology,* 15, pp. 515-529.

— (2000). "Factors affecting children's graphic symbol use in the third year: language, similarity and iconicity", *Cognitive Development,* 15, pp. 185-214.

— (2005). "Developing an intention to communicate through drawing", *Enfance,* 1, pp. 45-56.

— (2008). "The origins and development of pictorial symbol functioning", en C. Milbrath y H. Trautner (eds.), *Children's understanding and production of pictures, drawing, and art.* Cambridge, MA: Hogrefe & Huber, pp. 21-32.

Callaghan, T., Moll, H., Rakoczy, H., Warneken, F., Liszkowski, U., Behne, T. y Tomasello, M. (2011). "Early social cognition in three cultural contexts", *Monographs of the Society for Research Child Development,* 76 (2), pp. 1-142.

Callaghan, T. y Rochat, P. (2008). "Children's understanding of artist-picture relations: Implications for their theories of pictures", en C. Milbrath y H. Trautner (eds.), *Children's understanding and production of pictures, drawing, and art.* Cambridge, MA: Hogrefe & Huber, pp. 187-205.

Campbell, D. T. (1988). *Methodology and epistemology for social science: Selected papers.* Chicago, IL: University of Chicago Press.

Carey, S. (1982). "Semantic development: The state of the art", en E. Wanner y L. Gleitman (eds.), *Language acquisition: The state of the art.* Nueva York: Cambridge University Press, pp. 347-389.

Choi, S. (1998). "Verbs in early lexical and syntactic development in Korean", *Linguistics,* 34 (4), pp. 755-780.

— (2000). "Caregiver input in English and Korean: Use of nouns and verbs in book-reading and toy-play contexts", *Journal of Child Language,* 27, pp. 69-96.

Choi, S. y Gopnik, A. (1995). "Early acquisition of verbs in Korean: A cross-linguistic study", *Journal of Child Language,* 22 (3), pp. 497-529.

Chomsky, N. (1975). *Reflections on language.* Nueva York: Random House.

— (1988). *Language and problems of knowledge.* Cambridge, MA: MIT Press.

Cifuentes-Férez, P. y Gentner, D. (2006). "Naming motion events in Spanish and English", *Cognitive Linguistics,* 17, pp. 443-462.

Clark, E. (1987). "The principle of contrast: A constraint on language acquisition", en B. MacWhinney (ed.), *Mechanisms of language acquisition: The 20th Annual Carnegie Symposium on Cognition.* Hillsdale, NJ: Erlbaum, pp. 1-33.

Cook, T. D. y Campbell, D. T. (1979). *Quasi-experimentation. Design and analysis issues for field settings.* Chicago, IL: Rand McNally.

— (1986). "The causal assumptions of quasiexperimental practice", *Synthese,* 68, pp. 141-180.

Defior Citoler, S., Fonseca, L., Gottheil, B., Aldrey, A., Jiménez Fernández, G., Pujals, M. Rosa G. y Serrano Chica, F. D. (2006). *LEE. Test de lectura y escritura en español*. Buenos Aires: Paidós.

DeLoache, J. (1987). "Rapid change in the symbolic functioning of very young children", *Science*, 238, pp. 1556-1557.

— (1991). "Symbolic functioning in very young children: Understanding pictures and models", *Child Development*, 62, pp. 737-752.

— (1995). "Early understanding and use of symbols", *Current Directions in Psychological Science*, 4, pp. 109-113.

— (2000). "Dual representation and young children's use of scale models", *Cognitive Development*, 2, pp. 329-338.

— (2002). "Early development of understanidng and use of symbolic artifacts", en U. Goswami (ed.), *Brackell handbook of childhood cognitive developmet*. Oxford, England: Blacwell, pp. 206-226.

— (2004). "Becoming symbol-minded", *Trends in Cognitive Sciences*, 8, pp. 66-70.

— (2005). "Mindful of symbols", *Scientific American*, 293 (2), pp. 60-65.

DeLoache, J. y Burns, N. (1993). "Symbolic development in young children: Understanding models and pictures", en C. Pratt, y A. F. Garton (eds.), *Systems of representation in children: Development and use*. London: John Wiley & Sons, Ltd.

— (1994). "Early understanding of the representational function of pictures", *Cognition*, 52, pp. 83-110.

DeLoache, J. y Marzolf, D. (1992). "When a picture is not worth a thousand words: Young children's understanding of pictures and models", *Cognitive Development*, 7, pp. 317-329.

DeLoache, J., Miller, K., y Pierroutsakos, S. (1998). "Reasoning and problem solving", en W. Damon (series ed.) y D. Kuhn y R Siegler (vol. eds.), *Handbook of child psychology: Vol 2. Cognition, language. And perception*. Nueva York: Wiley, pp. 801-850.

DeLoache, J. y Peralta, O. (1987). "Joint picture book interactions of mothers and 1-year-old children", *British Journal of Developmental Psychology*, 5, pp. 111-123.

DeLoache, J., Peralta, O. y Anderson, K. (1999). "Multiple factors in early symbol use: Instructions, similarity, and age in understanding a symbol-referent relation", *Cognitive Development*, 14, pp. 299-312.

DeLoache, J., Pierroutsakos, S. y Troseth, G. (1996). "The three R's of pictorial competence", en R. Vasta (ed.), *Annals of child development*, vol. 12, Londres: Kingsley, pp. 1-48.

DeLoache, J., Pierroutsakos, S., Uttal, D., Rosengren, K., y Gottlieb, A. (1998). "Grasping the nature of pictures", *Psychological Science*, 9, pp. 205-210.

DeLoache, J. y Sharon, T. (2005). "Symbols and similarity: You can get too much of a good thing", *Journal of Cognition and Development*, 6, pp. 33-49.

DeLoache, J., Strauss, M. y Maynard, J. (1979). "Pictures perception in infancy", *Infant Behavior and Development*, 2, pp. 77-89.

Diesendruck, G. (2003). "Categories for names or names for categories: The interplay between domain-specific conceptual structure and the language", *Language and Cognitive Processes*, 18 (5/6), pp. 759-787.

Diesendruck, G., Gelman, S. y Lebowitz, K. (1998). "Conceptual and linguistic biases in children's word learning", *Developmental Psychology*, 34, pp. 823-839.

Diesendruck, G. y Shatz, M. (2001). "Two-year-olds' recognition of hierarchies: Evidence from their interpretation of the semantic relation between object labels", *Cognitive Development*, 16, pp. 577-594.

DiFranco, D., Muir, D., y Dodwell, P. (1978). "Reaching in very young infants", *Perception*, 7, pp. 385-392.

Dirks, J. y Gibson, E. (1977). "Infants' perception of similarity between live people and their photographs", *Child Development*, 48, pp. 124-103.

Echols, C. y Marti, C. (2004). "The identification of words and their meaning: From perceptual biases to language-specific cues", en D. Hall y S. Waxman (eds.), *Weaving a lexicon*. Cambridge, MA: MIT Press, pp. 41-78.

Eco, U. (1971). *Tratado general de semiótica*. Barcelona: Lumen.

— (1972). "La mirada discreta", en *La estructura ausente*. Barcelona: Lumen, pp. 215-320.

— (1988). *De los espejos y otros ensayos*. Barcelona: Lumen.

Enesco, I. (2012). "Desarrollo del conocimiento de la realidad en el bebé", en J. Castorina y M. Carretero (comps.), *Desarrollo Cognitivo y educación I. Los inicios del conocimiento*. Buenos Aires: Paidós, pp. 167-193.

Fennell, C. y Waxman, S. (2010). "What paradox? Referential cues allow for infant use of phonetic detail in word learning", *Child Development*, 81 (5), pp. 1376-1383.

Fennell, C., Waxman, S. y Weisleder, A. (2007). "With referential cues, infants successfully use phonetic detail in word learning", *Proceedings of the 31st Boston University Conference on Language Development.* Somerville, MA: Cascadilla Press.

Fennell C. y Werker J. (2003). "Early word learners' ability to access phonetic detail in well-known words",*Language & Speech,* 46, pp. 245-264.

Fernald, A. y Morikawa, H. (1993). "Common themes and cultural variations in Japanese and American mothers' speech to infants", *Child Development,* 64, pp. 637-656.

Fodor, J. (1983). "The mind-body problema", *Scientific American,* 244 (1), pp. 124-232.

— (1986). *La modularidad de la mente.* Madrid: Morata.

Freeman, N. (2008). "Pictorial competence generated from crosstalk between core domains", en C. Milbrath y H. Trautner (eds.), *Children's understanding and production of pictures, drawing, and art.* Cambridge, MA: Hogrefe & Huber, pp. 33-52.

Ganea, P., Allen, M., Butler, L., Carey, S. y DeLoache, J. (2009). "Toddlers' referential understanding of pictures", *Journal of Experimental Child Psychology,* 104, pp. 283-295.

Ganea, P., Bloom Pickard, M. y DeLoache, J. (2008). "Transfer between picture books and the real world by very young children", *Journal of Cognition and Development,* 9, pp. 46-66.

Ganea, P., Ma, L. y DeLoache, J. (2011). "Young children's learning and transfer of biological information from picture books to real animals", *Child Development,* 82, pp. 1421-1433.

Garton, A. F. (2001). "Word meaning, cognitive develop-
    ment, and social interaction", en Bloom, P., *Précis for
    how children learn the meaning of word. Behavioral
    and Brain Science,* 24 (6), pp. 1095-1106.
Gasser, M. y Smith, L. (1998). "Learning nouns and adjec-
    tives: A connectionist account", *Language y Cognitive
    Processes,* 13, pp. 269-306.
Gathercole, V. y Min, H. (1997). "Word meaning biases
    or language-specific effects? Evidence from English,
    Spanish, and Korean", *First Language,* 17 (49), pp.
    31-56.
Gelman, R. (2000). "Domain specificity and variability
    in cognitive development", *Child Development,* 71
    (4), pp. 854-856.
Gelman, R. (2009). "Learning in core and noncore doma-
    ins", en L. Tommasi, M. Peterson y L. Nadel (eds.),
    *Cognitive biology. Evolutionary and developmental
    perspective of mind, brain and behavior.* Cambridge:
    The MIT Press, pp. 247-260.
Gelman, R., y Baillargeon, R. (1983). "A review of some
    Piagetian concepts", en J. H. Flavell y E.M. Markman
    (eds.), *Cognitive development,* Vol. 3 of P.H. Mussen
    (general ed.), *Handbook of child psychology.* Nueva
    York: Wiley.
Gelman, R. y Brenneman, K. (2004). "Relevant pathways
    for preschool science learning", *Early Child,* 19, pp.
    150-158.
Gelman, R. y Lucariello, J. (2002). "Learning in cog-
    nitive development", en H. Pashler y R. Gallistel
    (eds.), *Stevens' handbook of experimental psychology.*
    Nueva York: Wiley.

Gelman, S. y Tardif, T. (1998). "A cross-linguistic comparison of generic noun phrases in English and
Mandarin", *Cognition,* 66, pp. 215-248.
Gentner, D. (1981). "Some interesting differences between verbs and nouns", *Cognition and Brain Theory,*
4 (2), pp. 161-178.
— (1982). "Why nouns are learned before verbs:
Linguistic relativity versus natural partitioning", en
S. Kuczaj (ed.), *Language development: Language,
cognition, and culture.* Hillsdale, NJ: Erlbaum, pp.
301-334.
— (1988). "Metaphor as structure mapping: the relational shift", *Child Development,* 59, pp. 47-59.
— (2003). "Why we're so smart", en D. Getner y S.
Goldin-Meadow (eds.), *Language in mind: Advances
in the study of language and thought.* Cambridge,
MA: MIT Press, pp. 195-235.
— (2006). "Why verbs are hard to learn", en K. Hirsh-
Pasek y R. Golinkoff (eds.), *Action meets word: How
children learn verbs.* Oxford, U.K.: Oxford University
Press, pp. 544-564.
Gentner, D. y Boroditsky, L. (2001). "Individuation, relativity and early word learning", en M. Bowerman
y S. Levinson (eds.), *Language acquisition and con-
ceptual development.* Cambridge, UK: Cambridge
University Press, pp. 215-256.
Gentner, D., Loewenstein, J., y Hung,
B. (2007). "Comparison facilitates children's lear-
ning of names for parts", *Journal of Cognition and
Development,* 8, pp. 285-307.
Gentner, D. y Markman, A. (1997). "Structure mapping
in analogy and similarity", *American Psychologist,*
52, pp. 45-56.

Gentner, D. y Namy, L. (1999). "Comparison in the development of categories", *Cognitive Development,* 14, pp. 487-513.

— (2006). "Analogical processes in language learning", *Current Directions in Psychological Science,* 15, pp. 297-301.

Gentner, D. y Rattermann, M. (1991). "The career of similarity", en S. Gelman y P. Byrnes (eds.), *Perspectives on thought and language: Interrelations in development.* Cambridge: Cambridge University Press, pp. 225-277.

Gibson, J. (1971). "The Information Available in Pictures", *Leonardo,* 4, 27.

— (1979). *The ecological approach to visual perception.* Boston: Houghton Mifflin.

Gleitman, L. (1990). "The structural sources of verbs meanings", *Language Acquisition: A Journal of Developmental Linguistics,* 1 (1), pp. 3-55.

Gombrich, E. (1974). "The visual image", en D. Olson (ed.), *Media and symbols: The forms of expression communication and education.* Chicago: University of Chicago Press, pp.241-270.

Goodman, N. (1976). *Language of art: An approach to theory of symbols.* Indianapolis, IN: Hackett.

Goodman, J., McDonough, L. y Brown, N. (1998). "The role of semantic context and memory in the acquisition of novel nouns", *Child Development,* 69, pp. 1330-1344.

Graff, D. (2000). "Shifting sands: An interest-relative theory of vagueness", *Philosophical Topics,* 28 (1), pp. 45-81.

Graham, S., Kilbreath, C. y Welder, A. (2004). "13-month-olds rely on shared labels and shape similarity for inductive inferences", *Child Development,* 75, pp. 409-427.

Gregory, R. (1979). *The intelligent eye.* Nueva York: McGraw-Hill

Halff, H., Ortony, A., y Anderson, R. C. (1976). "A context-sensitive representation of word meanings", *Memory and Cognition,* 4, pp. 378-383.

Hall, D. (1991). "Semantics and the acquisition of proper names", en R. Jackendoff, P. Bloom y K. Wynn (eds.), *Language, logic, and concepts: Essay in memory of John Macnamara.* Cambridge, MA: MIT Press, pp. 337-372.

Hall, D. G. y Belanger, J. (2001). "Young children's use of syntactic cues to learn proper names and count nouns", *Developmental Psychology,* 37, pp. 298-307.

Hall, D., Burns, T. y Pawluski, J. (2003). "Input and word learning: Caregivers' sensitivity to lexical category distinctions", *Journal of Child Language,* 30, pp. 711-729.

Hall, D. y Lavin, T. (2004). "The use and misuse of part-of-speech information in word learning: Implication for lexical development", en D. Hall y S. Waxman (eds.), *Weaving a lexicon.* Cambridge, MA: MIT Press, pp. 339-370.

Hall, D. y Waxman, S. (1993). "Assumptions about word meaning: Individuation and basic-level kinds", *Child Development,* 64 (5), pp. 1550-1570.

Hall, D., Waxman, S. y Hurwitz, W. (1993). "How 2- and 4-year-old children interpret adjectives and count nouns", *Child Development,* 64 (6), pp. 1651-1664.

Haryu, E. y Imai, M. (2002). "Reorganizing the lexicon by learning a new word: Japanese children's inference of the meaning of a new word for a familiar artifact", *Child Development,* 73, pp. 1378-1391.

Hernández Sampieri, R., Fernández Collado, C. y Baptista Lucio, P. (2008). *Metodología de la investigación.* México: McGrawHill.

Hirschfeld, L. y Gelman, S. (2002). "Hacia una topografía de la mente: introducción a la especificidad de dominio", en L. Hirschfeld y S. Gelman (eds.), *Cartografía de la mente. La especificidad de dominio en la cognición y en la cultura.* Barcelona: Gedisa, pp. 23-67.

Hochberg, J. y Higgins, E. T. (1978). "Issues in the study of symbolic development", en W. A. Collins (Ed.), *Minnesota symposia on child psychology, Vol. 11.* Hillsdale, NJ: Lawrence Erlbaum Associates, pp. 98-140.

Huebner, C. E. (2000). "Community-based support for preschool readiness among children in poverty", *Journal of Education for Students Placed at Risk,* 5, pp. 291-314.

Imai, M. y Getner, D. (1997). "A cross-linguistic study of early word meaning: Universal ontology and linguistic influence", *Cognition,* 2, pp. 169-200.

Imai, M., y Haryu, E. (2004). "The nature of word-learning biases and their roles for lexical development: From a cross-linguistic perspective", en D. G. Hall y S. R. Waxman (eds.), *Weaving a lexicon.* Cambridge: MIT Press.

Ittelson, W. H. (1996). "Visual perception of markings", *Psychonomic Bulletin & Review,* 3, pp. 171-187.

Jones, S. y Smith, L. (1993). "The place of perception in children's concepts", *Cognitive Development,* 8, pp. 113-139.

Karmiloff-Smith, A. (1994). *Más allá de la modularidad.* Madrid: Alianza.

Karrass, J., VanDeventer, M. C. y Braungart-Rieker, J. M. (2003). "Predicting shared parent–child book reading in infancy", *Journal of Family Psychology,* 17, pp. 134-146.

Katz, S. y Fodor, J. (1963). "The structure of a semantic theory", *Language,* 39, pp. 170-210.

Kennedy, C. (1999). *Projecting the adjective: The syntax and semantics of gradability and comparison.* Nueva York: Garland.

Kennedy, C. y McNally, L. (2005). "Scale structure and the semantic typology of gradable predicates". *Language,* 81, (2), pp. 345-381.

Kim, M., McGregor, K. y Thompson, C. (2000). "Early lexical development in English- and Korean-speaking children: Language-general and language-specific patterns", *Journal of Child Language,* 27 (2), pp. 225-254.

Klibanoff, R. y Waxman, S. (2000). "Basic level object categories support the acquisition of novel adjectives: Evidence from preschool-aged children", *Child Development,* 71 (3), pp. 649-659.

Landau, B. y Gleitman, L. (1985). *Language and experience: Evidence from the blind child.* Cambridge, MA: MIT Press.

Lavin, T., Hall, D. y Waxman, S. (2006). "East and west: A role for culture in the acquisition of nouns and verbs", en K. Hirsh-Pasek y R. Golinkoff (eds.), *Action meets word: How children learn verbs.* Nueva York: Oxford University Press.

Locke, J. (1690/1964). *An essay concerning human understanding.* Cleveland: Meridian Books.

Lonigan, C. J. (1994). "Reading to preschoolers exposed: Is the emperor really naked?", *Developmental Review,* 14, pp. 303-323.

MacWhinney, B. y Snow, C. (1990). "The Child Language Data Exchange System: An update", *Journal of Child Language,* 17, pp. 457-472.

Maita, M. y Peralta, O. (2010). "El impacto de la instrucción en la comprensión temprana de un mapa como objeto simbólico", *Infancia y Aprendizaje,* 33 (1), pp. 47-62.

— (2012). "Estrategias maternas de enseñanza de la función simbólica de un objeto", *Cultura y Educación,* 24, pp. 259-271.

Maita, M., Mareovich, F. y Peralta, O. (en prensa). "Intentional Teaching Facilitates Young Children? Comprehension and Use of a Symbolic Object", *Journal of Genetic Psychology.*

Manders, K. y Hall, D. (2002). "Comparison, basic-level categories, and the teaching of adjectives", *Journal of Child Language,* 29, pp. 923-937.

Markman, E. (1987). "How children constrain the possible meanings of words", en U. Neisser (ed.), *Concepts and conceptual development: Ecological and intellectual factors in categorization.* Cambridge: Cambridge University Press.

— (1989). *Categorization and naming in children: Problems of induction.* Cambridge, MA: MIT Press.

— (1990). "Constraints children place on word meanings", *Cognitive Science,* 14, pp. 57-77.

— (1992). "Constraints on word learning: Speculations about their nature, origins, and word specificity", en M. Gunnar y M. Maratsos (eds.), *Modularity and constraints in language and cognition.* Hillsdale, NJ: Erlbaum.

Markman, E. y Jaswal, V. (2004). "Acquiring and using a grammatical form class: Lessons from the proper-count distinction", en D. Hall y S. Waxman (eds.), *Weaving a lexicon.* Cambridge, MA: MIT Press, pp. 371-409.

Marradi, A., Archenti, N, y Piovani J. I. (2010). *Metodología de las Ciencias Sociales.* Buenos Aires: Cengage Learning.

Martí, E. (2003). *Representar el mundo externamente.* Madrid: Antonio Machado Libros.

— (2012). "Desarrollo del pensamiento e instrumentos culturales", en J. Castorina y M. Carretero (comps.), *Desarrollo Cognitivo y educación II. Procesos del conocimiento y contenidos específicos.* Buenos Aires: Paidós, pp. 25-44.

Martí. E. y Pozo J. I. (1994). "Más allá de las representaciones mentales: la adquisición de sistemas externos de representación", *Infancia y Aprendizaje,* 90, pp. 11-30.

Marzolf, D. P. y DeLoache J. S. (1994). "Transfer in young children's understanding of spatial representation", *Child Development,* 64, pp. 1-15.

McNeil, N. y Uttal, D. (2009). "Rethinking the use of concrete materials in learning: Perspectives from development and education", *Child Development Perspective,* 3, pp. 137-139.

Medin, D., y Shoben, E. (1988). "Context and structure in conceptual combination", *Cognitive Psychology,* 20 (2), pp. 158-190.

Mintz, T. y Gleitman, L. (2002). "Adjectives really do modify nouns: The incremental and restricted nature of early adjective acquisition", *Cognition,* 84 (3), pp. 267-293.

Murphy, C. (1978). "Painting in the context of shared activity", *Child Development,* 49, pp. 371-380.

Namy, L. y Waxman, S. (2000). "Naming and exclaiming: Infants' sensitivity to naming contexts", *Journal of Cognition and Development,* 1 (4), pp. 405-428.

— (2005). "Symbol Redefined", en L. Namy (ed.), *Symbolic use and understanding.* Mahwah, N.J.: Lawrence Erlbaum Associates Publishers.

Nelson, K. (1996). *Language in cognitive development. The emergence of the mediated mind.* Cambridge, MA: Cambridge University Press.

Ninio, A. (1983). "Joint book reading as a multiple vocabulary acquisition device", *Developmental Psychology,* 19, pp. 445-451.

Ninio, A. y Bruner, J. (1978). "The achievement and antecedents of labeling", *Journal of Child Language,* 5, pp. 1-15.

O'Doherty, K., Troseth, G. L., Shimpi, P., Goldenberg, E., Akhtar, N. y Saylor, M. M. (2010"). Third-party social interaction and word learning from video", *Child Development,* 82, pp. 902-915.

Payne, A. C., Whitehurst, G. J. y Angell, A. L. (1994). "The role of home literacy environment in the development of language ability in preschool children from low-income families", *Early Childhood Research Quarterly,* 9, pp. 427-440.

Pechmann, T., y Deutsch, W. (1982). "The development of verbal and nonverbal devices for reference", *Journal of Experimental Child Psychology,* 34, pp. 330-341.

Peirce, C. (1931-1934). *Collected papers of Charles Sanders Peirce.* C. Hortshorne y P. Weiss (comps.). Cambridge Mass: Harvard University Press.

— (1974). *La ciencia de la semiótica.* Buenos Aires: Nueva Visión.

Peralta, O. (1995). "Developmental changes and socioeconomic differences in mother-infant picture-book reading",. *European Journal of Psychology of Education,* 10, pp. 261-272.

Peralta, O. A. y Salsa, A. M. (2001). "Interacción materno-infantil con libros con imágenes en dos niveles socioeconómicos", *Infancia y Aprendizaje,* 24, pp. 325-339.

— (2003). "Instruction in early comprehension and use of a symbol–referent relation", *Cognitive Development,* 18 (2), pp. 269-284.

— (2009). "Means of communication and sources of information: Two-year-old children's use of pictures as symbols", *The European Journal of Cognitive Psychology,* 6, pp. 801-812.

— (2011). "Instrucción y desarrollo en la comprensión temprana de fotografías como objetos simbólicos", *Anales de Psicología,* 1, pp. 18-125.

Peralta, O., Salsa, A., Maita, M., Mareovich, F. (2012). "Scaffolding young children's understanding of symbolic objects", *Early Years: An International Journal of Research and Development,* DOI:10.1080/09575 146.2012.732042

Pérez-Echeverría, M., Martí, E. y Pozo, J. (2010). "Los sistemas externos de representación como herramientas de la mente", *Cultura y Educación,* 22 (2), pp. 133-147.

Pérez-Echeverría, M. y Scheuer, N. (2009). "External representations as learning tools", en C. Andersen, N. Scheuer, M. Pérez-Echeverría y E. Teubal (eds.), *Representational systems and practices as learning tools in different fields of knowledge*. Rotterdam: Sense, pp.1-18.

Perner, J. (1991). *Understanding the representational mind*. London: MIT Press.

Piaget, J. (1959/1990). *La formación del símbolo en el niño: imitación, juego y sueño*. Buenos Aires: Fondo de cultura Económica.

— (1970). *Psicología de la inteligencia*. Buenos Aires: Psique.

— (1993/1964). *Seis estudios de psicología*. Buenos Aires: Ariel

Piaget, J. e Inhelder, B. (1969). *Psicología del niño*. Madrid: Morata.

Pierroutsakos, S. y DeLoache, J. (2003). "Infants' manual investigation of pictured objects varying in realism", *Infancy*, 4, pp. 141-156.

Pinker, S. (1987). "Resolving a learnability paradox in the acquisition of the verb lexicon", en *Lexicon Proyect Working Papers*. Cabridge, MA: MIT Center for Cognitive Science.

Preissler, M. y Carey, S. (2004). "Do Both Pictures and Words Function as Symbols for 18- and 24-Month-Old Children?", *Journal of Cognition and Development*, 2, pp. 185-212.

Rattermann, M. y Gentner, D. (1998). "More evidence for a relational shift in the development of analogy: Children's performance on a causal-mapping task", *Cognitive Development*, 13 (4), pp. 453-478.

Rivière, A. (1986/2003). "Interacción precoz. Una perspectiva vygotskiana a partir de los esquemas de Piaget", en M. Belinchón, A. Rosa, M. Sotillo e I. Marichalar (comps.), Ángel Rivière. Obras Escogidas, Vol II. Madrid: Panamericana, pp.109-131.

— (1990). "Origen y desarrollo de la función simbólica en el niño", en J. Palacios, A. Marchesi y C. Coll (eds.), *Desarrollo psicológico y educación, Vol. I, Psicología evolutiva*. Madrid: Alianza Editorial, pp. 113-130.

— (2003a). "Desarrollo y educación: El papel de la educación en el "diseño" del desarrollo humano", en M. Belinchón, A. Rosa, M. Sotillo e I. Marichalar (comps.), Ángel Rivière. Obras Escogidas, Vol III. Madrid: Panamericana, pp. 203-242.

— (2003b). "Símbolos, arte y autismo", en M. Belinchón, A. Rosa, M. Sotillo y I. Marichalar (comps.), Ángel Rivière. Obras Escogidas, *Vol III*. Madrid: Panamericana, pp. 134-139.

Rivière, Á. y Sotillo, M. (2003). "Comunicación, suspensión y semiosis humana: Los orígenes de la práctica y de la comprensión interpersonales", en M. Belinchón, A. Rosa, M. Sotillo y I. Marichalar (comps.), Ángel Rivière. Obras Escogidas, *Vol III*. Madrid: Panamericana, pp. 181-201.

Rochat, P. (2004). *El mundo del bebé*. Madrid: Morata.

Rochat, P. y Callaghan, T. (2005). "What drives symbolic development?", en L. Namy (ed.), *Symbolic use and understanding*. Mahwah, N.J.: Lawrence Erlbaum Associates Publishers.

Rose, A. (1977). "Infants' transfer of response between two-dimensional and three-dimensional stimuli", *Child Development*, 48, pp. 1086-1091.

Rotstein, C. y Winter, Y. (2004). "Total adjectives versus partial adjectives: Scale structure and higher-order modifiers", *Natural Language Semantic,* 12, pp. 259-288.

Salsa, A. y Peralta, O. (2005). "La instrucción en la comprensión y el uso de objetos simbólicos: un estudio con fotografías", *Estudios de Psicología* 26 (1), pp. 9-20.

— (2007). "Routes to Symbolization: Intentionality and Correspondence in Early Understanding of Pictures", *Journal of Cognition and Development,* 8 (1), pp. 79-92.

— (2010). "La influencia cognitiva, cultural y educativa de las representaciones externas", *Revista Irice Nueva Época,* 21, pp. 2-12.

Salsa, A. y Vivaldi, R. (2012). "Del objeto al símbolo: aspectos cognitivos y sociales del conocimiento infantil sobre las imágenes",*Interdisciplinaria,* 29 (1), pp. 133-149.

Sarama, J. y Clements, D. (2009). "'Concrete' computer manipulatives in mathematics education", *Child Development Perspectives,* 3, pp. 145-150.

Scheuer, N., de la Cruz, M. e Iparraguirre, M. (2010). "El aprendizaje de distintos dominios notacionales según niños de preescolar y primer grado", *Revista Latinoamericana de Ciencias Sociales Niñez y Juventud,* 8 (2), pp. 1083-1097.

Sigel, I. (1978). "The development of pictorial comprehension", en B. Randhawa y W. Coffman (eds.), *Visual learning, thinking and communication.* Nueva York: Academic Press, pp. 93-111.

Simcock, G. y DeLoache, J. (2006). "The effect of iconicity on re-enactment from picture books 18- to

30-month-old children", *Developmental Psychology*, 42, pp. 1352-1357.

Skinner, B. (1957). *Verbal Behavior*. Nueva York: Appleton-Century-Crofts.

Smiley, S. y Brown, A. (1979). "Conceptual preference for thematic and taxonomic relations: A non-monotonic age trend from preschool to old age", *Journal of Experimental Child Psychology*, 28, pp. 249-257.

Smith, L. (2000). "Learning how to learn words: An associative crane", en R. M. Golinkoff, K. Hirsh-Pasek, L. Bloom, L. B. Smith, A. L. Woodard, N. Akhtar, M. Tomasello y G. Hollich (eds.), *Becoming a Word Learner*. Nueva York: Oxford University Press, pp. 51-80.

Smith, L. (2003). "Learning to recognize objects", *Psychological Science*, 14, pp. 244-250.

— (2010). "More than concepts: How multiple integrations make human intelligence", en D. Mareschal, P. Quinn, y S. Lea (eds.), *The making of human intelligence*. Nueva York: Oxford University Press.

Snow, C. y Goldfield, B. (1983). "Turn the page please: situation specific language acquisition", *Journal of Child Language*, 10, pp. 551-570.

Tardif, T. (1996). "Nouns are not always learned before verbs: Evidence from Mandarin speakers' early and English", *Child Development*, 70, pp. 620-635.

Tardif, T., Shatz, M. y Naigles, L. (1997). "Caregiver speech and children's use of nouns versus verbs: A comparison of English, Italian and Mandarin", *Journal of Child Language*, 24 (3), pp. 535-565.

Tare M., Chiong C., Ganea P. y DeLoache J. S. (2010). "Less is more: how manipulative features affect children's learning from picture books", *Journal of Applied Developmental Psychology,* 31, pp. 395-400.

Taverna, A. y Peralta, O. (2009). "Desarrollo conceptual: perspectivas actuales en la adquisición temprana de conceptos", *Psykhe,* 18 (1), pp. 49-59.

Tomasello, M. (1999). "The cultural ecology of young children's interactions with objects and artifacts", en E. Winograd, R. Fivush, y W. Hirst (eds.), *Ecological approaches to cognition: Essays in honor of Ulric Neisser.* Mahawah, N.J.: Erlbaum, pp. 153-170.

— (2000). *The cultural origins of human cognition.* London: Harvard Universtiy Press.

— (2001). "Could we please lose the mapping metaphor, please?", *Behavioral and Brain Sciences,* 24 (6), pp. 1119-1120.

— (2003). *Constructing a Language: A Usage-Based Theory of Language Acquisition.* Cambridge, MA: Harvard University Press.

— (2008). *Origins of human communication.* Cambridge, MA: MIT Press.

Tomasello, M., Kruger, A. y Ratner, H. (1993). "Cultural learning", *Behavioral and Brain Sciences,* 16, pp. 495-552.

Tomasello, M., Striano,T. y Rochat, P. (1999). "Do young children use objects as symbols?", *British Journal of Developmental Psychology,* 17, pp. 563-584.

Torczyner, H. (1977). *René Magritte, signes et images.* París: Emic Press.

Trautner, H. y Milbrath, C. (2008). "Children's knowledge about pictures, drawins, and art", en C. Milbrath y H. Trautner (eds.), *Children's understanding and production of pictures, drawing, and art.* Cambridge, MA: Hogrefe & Huber, pp. 3-18.

Troseth, G., Pierroutsakos, S. y DeLoache, J. (2004). "From the innocent to the intelligent eye: The early development of pictorial competence", en R. Kail (ed.), *Advances in child development and behavior*. Nueva York: Elsevier/Academic Press, vol. 32, pp. 1-35.

Uttal, D., O'Doherty, K., Newland, R., Hand, L. y DeLoache, J. (2009). "Dual representation and the linking of concrete and symbolic representations", *Child Development Perspectives*, 3, pp. 156-159.

Vygotsky, L. (1978). *Mind in society: The development of higher psychological processes*. Cambridge, MA: Harvard University Press.

Walker, C., Walker. L., y Ganea, P. (2012). "The role of symbol-based experience in early learning and transfer from pictures: Evidence from Tanzania", *Developmental Psychology*, 49 (7), pp. 1315-1324.

Waxman, S. (1990). "Linguistic biases and the establishment of conceptual hierarchies: Evidence from preschool children", *Cognitive Development*, 5 (2), pp. 123-150.

Waxman, S. (1991). "Contemporary approaches to concept development", *Cognitive Development*, 6, pp. 105-118.

Waxman, S. y Booth, A. (2001). "Seeing pink elephant: Fourteen-month-olds' interpretation of novel nouns and adjectives", *Cognitive Psychology*, 43, pp. 217-242.

— (2003). "The origins and evolution of links between word learning and conceptual organization: New evidence from 11-month-olds", *Developmental Science*, 6 (2), pp. 130-137.

Waxman, S. y Braun, I. (2005). "Consistent (but not variable) names as invitations to form object categories:

New evidence from 12-month-old infants", *Cognition,* 95, B59-B68.

Waxman, S. y Gelman, S. (2009). "Early word-learning entails reference, not merely associations", *Trends in Cognitive Sciences,* 13 (6), pp. 258-263.

Waxman, S. y Goswami, U. (2012). "Learning about language and literacy", en S. Pauen y M. Bornstein (eds.), *Early childhood development and later achievement.* London: Cambridge University Press.

Waxman, S. y Guasti, M. (2009). "Nouns, adjectives, and the acquisition of meaning: new evidence from Italian-acquiring children", *Language Learning and Development,* 5, pp. 50-68.

Waxman, S. y Hatch, T. (1992). "Beyond the basics: Preschool children label objects flexibly at multiple hierarchical levels", *Journal of Child Language,* 19 (1), pp. 153-166.

Waxman, S. y Klibanoff, R. (2000). "The role of comparison in the extension of novel adjectives"., *Developmental Psychology,* 36 (5), pp. 571-581.

Waxman, S. y Leddon, E. (2011). "Early word learning and conceptual development: Everything had a name, and each name gave birth to a new thought", en U. Goswami (ed.), *The Wiley-Blackwell Handbook of Childhood Cognitive Development* (pp. 180-208). Malden, MA: Wiley-Blackwell.

Waxman, S. y Lidz, J. (2006). "Early word learning", en D. Kuhn y R. Siegler (eds.), *Handbook of Child Psychology, 6th Edition, Volume 2.* Hoboken NJ: Wiley, pp. 299-335.

Waxman, S. y Markow, D. (1998). "Object properties and object kind: Twenty-one-month-old infants' extension of novel adjectives", *Child Development*, 69 (5), pp. 1313-1329.

Waxman, S. y Senghas, A. (1992). "Relations among word meanings in early lexical development", *Developmental Psychology*, 28 (5), pp. 862-873.

Waxman, S., Senghas, A. y Benveniste, S. (1997). "A cross-linguistic examination of noun-category bias: Its existence and specificity in French- and Spanish-speaking preschool-aged children", *Cognitive Psychology*, 32 (3), pp. 183-218.

Wellman, H. y Gelman, S. (1992). "Cognitive development: foundational theories of core domains", *Annual Review of Psychology*, 43, pp. 337-375.

Wener, H. y Kaplan, H. (1963). *Symbol formation*. Nueva York: Wiley.

Werker, J. y Fennell, C. (2004). "Listening to sounds versus listening to words: Early steps in word learning", en D. Hall y S. Waxman (eds.), *Weaving a lexicon*. Cambridge, MA: MIT Press, pp. 79-110.

Wilcox, T. (1999). "Object individuation: Infants' use of shape, size, pattern, and color", *Cognition*, 72 (2), pp. 125-166.

Xu, F. (1999). "Object individuation and object identity in infancy: The role of spatiotemporal information, object property information, and language", *Acta Psychologica*, 102, pp. 113-136.

Yee, M., Jones, S. y Smith, L. (2012). "Changes in visual object recognition precede the shape bias in early noun learning", *Frontiers in Psychology*, 3:533.

www.ingramcontent.com/pod-product-compliance
Lightning Source LLC
Chambersburg PA
CBHW020703270326
41928CB00005B/245